基于产业建设开发视域下的金融平台支持研究

李　琪　著

北京交通大学出版社
·北京·

内 容 简 介

本书以帮助读者了解基于产业建设开发视域下的金融平台支持研究为编写宗旨。本书介绍的产业相关管理理论是指对产业相关的组织、管理和执行等方面进行研究的理论体系。其中，金融支持产业开发是产业相关管理理论中的一个重要研究领域。本书旨在通过用产业相关管理理论建构某政策性金融平台支持产业开发的研究，探讨金融支持产业开发的实践意义和理论价值。

图书在版编目（CIP）数据

基于产业建设开发视域下的金融平台支持研究 / 李琪著 .—北京：北京交通大学出版社，2023. 11

ISBN 978-7-5121-5089-8

Ⅰ. ①基… Ⅱ. ① 李… Ⅲ. ① 金融支持-产业发展-研究-中国 Ⅳ. ① F269. 2 ②F832. 0

中国国家版本馆 CIP 数据核字（2023）第 203435 号

基于产业建设开发视域下的金融平台支持研究

JIYU CHANYE JIANSHE KAIFA SHIYU XIA DE JINRONG PINGTAI ZHICHI YANJIU

责任编辑：郭东青
出版发行：北京交通大学出版社　　电话：010-51686414　　http：//www. bjtup. com. cn
地　　址：北京市海淀区高梁桥斜街 44 号　　邮编：100044
印 刷 者：北京虎彩文化传播有限公司
经　　销：全国新华书店
开　　本：170mm×235mm　　印张：7. 875　　字数：103 千字
版 印 次：2023 年 11 月第 1 版　　2023 年 11 月第 1 次印刷
定　　价：59. 00 元

本书如有质量问题，请向北京交通大学出版社质监组反映。
投诉电话：010-51686043，51686008；传真：010-62225406；E-mail：press@ bjtu. edu. cn。

前　言

产业相关管理理论是指对公共事务的组织、管理和执行等方面进行研究的理论体系。其中，地方融资平台金融支持产业开发是产业相关管理理论中的一个重要研究领域。本书旨在通过对产业相关管理理论建构地方融资平台金融支持产业开发的研究，探讨地方融资平台金融支持产业开发的实践意义和理论价值。

首先，本书介绍了地方融资平台金融支持产业开发的概念和意义。地方融资平台金融支持产业开发是指地方融资平台通过财政和金融政策，为产业提供必要的资金支持，促进产业的技术创新和发展，推动经济的增长和社会的进步。地方融资平台金融支持产业开发具有重要的实践意义和理论价值，可以促进产业的发展和升级，提高国家的经济竞争力和社会福利水平。

其次，本书介绍了产业相关管理理论在地方融资平台金融支持产业发展中的应用。在地方融资平台金融支持产业发展中，产业相关管理理论可以为地方融资平台提供理论指导和实践支持，帮助地方融资平台制定有针对性的政策措施，提高政策的可行性和有效性。

再次，本书介绍了地方融资平台金融支持产业开发的政策措施和实践案例。地方融资平台金融支持产业开发的政策措施包括提供贷款、发放补贴、提供税收优惠等，以满足产业的资金需求，促进产业的技术创新和发展。实践案例包括中国的“科技创新基金”和国外的“小型企业创新研究计划”，这些政策措施和实践案例为地方融资平台金融支持产业开发提供了可行性和有效性的实践证明。

最后，本书总结了地方融资平台金融支持产业开发的现实意义和理论价值。地方融资平台金融支持产业开发是产业相关管理理论中的一个重要研究领域，具有重要的实践意义和理论价值。地方融资平台需要根据产业的需求和政策的协同性来制定政策措施，以确保政策的实施能够促进产业的发展和升级。同时，地方融资平台还需要考虑政策的可持续性，以确保政策的实施能够长期有效，不会对社会和环境造成负面影响。

除了地方融资平台金融支持产业开发的政策措施和实践案例，本书还进一步介绍了地方融资平台金融支持产业开发的影响和面临的挑战。地方融资平台金融支持产业开发可以促进产业的发展和升级，提高国家的经济竞争力和社会福利水平，但也存在一些挑战，如政策的可行性和有效性需要进一步提高，政策的执行需要加强监管和评估，政策的可持续性需要考虑对社会和环境的影响等。因此，地方融资平台需要不断探索和完善政策措施，加强政策的执行和监管，确保政策的实施能够长期有效，为产业的发展和升级提供持续的支持和保障。

著者

2023 年 9 月

目 录

第1章 CHAPTER 01 绪 论

产业相关管理理论是指对公共事务的管理和运营进行理论分析和探讨的学科。地方融资平台金融支持产业开发是产业相关管理理论的一个重要领域，其目的是通过地方融资平台的财政和金融政策，促进产业的发展和升级，推动经济的增长和社会的进步。本书旨在对用产业相关管理理论建构地方融资平台金融支持产业开发进行逻辑阐释。首先，地方融资平台金融支持产业发展是产业相关管理理论中的政策工具。产业相关管理理论认为，地方融资平台应该通过包括财政和金融政策在内的各种政策手段，促进社会公共利益的实现。地方融资平台的财政和金融政策可以通过财政支持促进产业的发展和升级，从而促进经济增长和社会进步。其次，地方融资平台金融支持产业开发是产业相关管理理论中的一种协同性政策。产业相关管理理论认为，地方融资平台的各种政策应该具有协同性，以实现最大化的社会公共利益。地方融资平台金融支持产业开发需要与其他政策相互协调，如产业政策、科技政策、环保政策等，才能真正发挥其作用。最后，地方融资平台金融支持产业开发是产业相关管理理论中的一种可持续性政策。产业相关管理理论认为，地方融资平台的各种政策应该具有可持续性，以保证长期的社会公共利益。地方融资平台金融支持产业开发需要考虑产业的长期发展和可持续性，而不是短期的利益追求。综上所述，产业相关管理理论建构地方融资平台金融支持产业开发的逻辑阐释是：地方融资平台金融支持产业开发是产业相关管理理论中的一种政策工具，具有协同性和可持续性。通过地方融资平台的财政和金融政策，促进产业的发展和升级，推动经济的增长和社会的进步，是产业相关管理理论的核心思想。未来，地方融资平台金融支持产业开发需要更加注重政策协同性和可持续性，以适应不断变化的社会和管理环境。

1.1 研究背景

随着中国经济的快速发展和转型，产业结构不断优化调整，在新兴产业领域的投资需求越来越大，而地方融资平台在推进经济发展的过程中发挥着重要作用，特别是在推动新兴产业发展方面，地方融资平台的支持更是不可替代的。其中，地方融资平台通过金融支持来促进新兴产业发展尤为重要，随着产业相关管理理论的发展，本书旨在探讨产业相关管理理论如何对建构地方融资平台金融支持产业开发的具体操作提供指导性意见。

1.2 研究目的

本书旨在探讨产业相关管理理论对于地方融资平台在金融支持产业开发方面的针对性的指导，探讨在产业相关管理理念的指引下，如何打造高效、科学、规范、透明的国家金融政策体系，以及如何运用相关政策工具达到促进产业发展的目的。金融支持产业开发是一种重要的地方融资平台政策工具，可以促进产业的发展和升级，从而推动经济的增长和社会的进步。地方融资平台的财政和金融政策可以为产业提供必要的资金支持，以满足其资金需求，促进其技术创新和发展。

地方融资平台金融支持产业开发需要考虑产业的特点和需求，以制定有针对性的政策措施。例如，在发展高科技产业时，地方融资平台可以采取技术创新基金、科技创业投资基金等方式来提供资金支持，以促进产业的技术创新和发展。地方融资平台金融支持产业发展的政策措施需要考虑政策的可行性和有效性，以确保政策的实施效果和社会公共利益的最大化。政策的可行性需要考虑到政策的实施成本和政策的可操作性，以确保政策的实施能够达到预期的效果。政策的有效性需要考虑政策的目标和效果，以确保政策的实施能够实现预期的目标和效果。地方融资平台金融支持产业开发需要综合考虑产业的需求、政策的协同性和可持续性，以实现经济和社会的可持续发展。地方融资平台需要根据产业的需求和政策的协同性来制定政策措施，以确保政策的实施能够促进产业的发展和升级。同时，地方融资平台还需要考虑政策的可持续性，以确保政策的实施能够长期有效，不会对社会和环境造成负面影响。地方融资平台金融支持产业开发是产业相关管理理论中的一种重要政策工具，可以通过地方融资平台的财政和金融政策来促进产业的发展和升级，从而推动经济的增长和社会的进步。地方融资平台的财政和金融政策可以采取多种形式，如提供贷款、发放补贴、提供税收优惠等，以满足产业的资金需求，推动产业的发展。

1.3 研究意义

本书的主要意义如下：

(1) 通过研究产业相关管理理论如何指导地方融资平台金融支持产业开发，为地方融资平台改进金融支持政策提供理论支撑；

(2) 为地方融资平台制定、完善金融政策提供具体的建议和策略，以推动新兴产业的快速成长；

（3）通过对产业相关管理理论的阐释，促进产业相关管理理论的发展和深化。

1.4 体例结构

本书分为五个章节，其内容如下：

第 1 章 绪论：介绍本书的研究背景、目的、意义和体例结构。

第 2 章 产业相关管理理论的渊源和发展：主要探讨产业相关管理理论的历史与发展，包括国外和中国。

第 3 章 地方融资平台金融支持产业发展的基础：主要通过现实案例分析，来了解地方融资平台如何运用金融支持机制帮助产业发展。

第 4 章 建构地方融资平台金融支持产业发展的策略：回顾如何运用金融支持业务帮助产业发展。

第 5 章 地方融资平台金融支持产业发展的案例与实践：结合前面几个章节的内容，提出一些问题和思考，以此提出具体的建议和策略。

第 6 章 结论：总结了金融支持产业开发的实践意义和理论价值。产业相关管理理论视域下的金融支持研究是值得深入研究的课题。

第2章 CHAPTER 02 产业相关管理理论的渊源和发展

2.1 产业相关管理理论的定义与历史

产业相关管理理论是研究如何在地方融资平台机构内部进行领导与管理，从而达到目标的一种研究方法。在产业相关管理理论产生初期的几十年里，相关研究尤其集中于国外。约翰斯·霍普金斯大学成立了“首次科学研究院”，这里的教授和研究人员集中在研究管理的新方法和技术方案上。中国孕育了非常丰富的产业相关管理思想。管子的“仓廪实而知礼节”，包含了地方融资平台要保持公共资源充裕、照顾民生的深刻内涵，可见公共品的重要性。

公共管理理论的研究内容包括公共政策制定、公共资源配置、公共服务提供、公共治理等方面。产业相关管理理论的研究方法包括实证研究、案例研究、比较研究、理论研究等。产业相关管理理论的研究成果包括管理模型、管理工具、管理理论等，这些成果可以为产业相关管理实践提供指导和支持。产业相关管理理论的研究不仅关注管理的效率和效果，还关注管理的公正性和公民参与度。产业相关管理理论认为，产业相关管理应该是公正的、透明的、民主的和参与的。产业相关管理理论的研究成果可以帮助地方融资平台机构和非地方融资平台组织实现公正、透明、民主和参与的管理。产业相关管理理论的研究还需要关注不同国家、不同地区、不同文化背景下的管理模式和方法。不同国家、不同地区、不同文化背景下的产业相关管理存在差异，因此需要针对性地进行研究和探讨。产业相关管理理论的研究应该具有国际视野和跨文化视野，为全球产业相关管理提供理论支持和指导。总之，产业相关管理理论的研究对于提高产业相关管理效率和效果、促进产业相关管理创新和改革、促进地方融资平台机构和非地方融资平台组织合作和协调、提高公众对产业相关管理的信任和满意度具有重要意义。产业相关管理理论的研究应该注重实践应用和理论创新，为产业相关管理实践提供指导和支持。

2.2 国外产业相关管理理论发展概述

国外产业相关管理理论的历史可以分为四个发展时期，分别是传统起始期（1887—1937 年）、现代比较期（1937—1965 年）、新产业相关管理期（1965—1980 年）、治理范式转变期（1980—2000 年）四个时期。

国外产业相关管理理论的发展可以追溯到 20 世纪初期。在这一时期，国外地方融资平台机构开始逐渐扩大，需要更有效的管理方法来应对日益复杂的公共事务。因此，国外产业相关管理学科逐渐形成，成为一个独立的学科领域。20 世纪 30 年代，国外地方融资平台开始采用“新政”（new deal）政策，地方融资平台的角色得到进一步扩大。产业相关管理学科开始注重地方融资平台机构内部的管理和效率问题。

随着时间的推移，国外产业相关管理理论逐渐发展成为一个多元化的学科领域。在 20 世纪 50 年代和 60 年代，产业相关管理学科开始关注公共政策制定和执行的问题，强调政策制定和执行的合理性和公正性。同时，产业相关管理学科开始引入社会科学的研究方法，如行为科学、经济学、心理学等，来分析和解决产业相关管理问题。在 20 世纪七八十年代，产业相关管理学科开始注重产业相关管理的民主化和参与性，强调产业相关管理应该更加注重公众利益和公民参与。此外，产业相关管理学科还开始研究产业相关管理的全球化和跨国合作问题，关注不同国家和地区之间的产业相关管理差异和相似性。到了 21 世纪，产业相关管理学科面临新的挑战和机遇。随着信息技术的快速发展和全球化的加速推进，产业相关管理学科需要更加注重数字化和网络化的产业相关管理，以适应新时代的管理需求。此外，产业相关管理学科还需要更加注重产业相关管理的可持续性和创新性，以应对全球性的环境和社会问题。

随着社会经济的发展，产业相关管理学科还开始关注公共服务的提供和效率问题，强调产业相关管理应该更加注重服务质量和效率。此外，产业相关管理学科还开始关注产业相关管理的多元化和包容性，强调产业相关管理应该更加注重不同群体和利益相关方的需求和权益。同时，产业相关管理学科还开始关注产业相关管理的协同性和创新性，强调产业相关管理应该更加注重不同部门和组织之间的协作和创新，以实现更好的产业相关管理效果。综上所述，产业相关管理学科在不断发展和演变，以适应不断变化的社会和管理环境。

2.3　我国产业相关管理理论发展概述

我国的产业相关管理理论研究取得了较快的进展，已经成为一门独立的学科，逐渐形成了自己的特色和风格。在我国产业相关管理理论发展中阶段性地涌现出较多的理论，如行政管理公共性等方面的理论，而传统上习惯于重视制度和规章管理的中国也逐渐开始注重绩效考核、政策效率分析与提高等内容。

我国产业相关管理理论的发展可以追溯到20世纪初，但是真正开始形成体系化的产业相关管理理论是在改革开放以后。改革开放以后，我国产业相关管理理论的发展经历了几个阶段。首先，从20世纪80年代到90年代初期，我国产业相关管理理论主要关注地方融资平台机构的改革和管理问题。这一阶段的产业相关管理理论主要强调地方融资平台机构的职能和责任，以及地方融资平台机构的管理体制和管理方法。这一阶段的代表性理论包括“产业相关管理三重境界”“地方融资平台绩效管理”等。其次，从20世纪90年代中期到21世纪初期，我国产业相关管理理论开始关注公共服务和公共政策的问题。这一阶段的产业相关管理理论主要强调公共服务和公共政策的制定和实施，以及公共服务和公共政策的效果评估。这一阶段的代表性理论包括“社会治理”“公共服务创新”等。最后，从21世纪初期到现在，我国产业相关管理理论开始关注产业相关管理的数字化和网络化问题，以及产业相关管理的可持续性和创新性问题。这一阶段的产业相关管理理论主要强调数字化和网络化的产业相关管理，以及产业相关管理的可持续性和创新性。这一阶段的代表性理论包括“电子政务”“可持续发展”等。总的来说，我国产业相关管理理论的发展经历了从地方融资平台机构管理到公共服务和公共政策制定和实施，再到数字化和网络化的产业相关管理，以及可持续性和创新性的产业相关管理的转变。未来，我国产业相关管理理论的发展还需要更加注重产业相关管理的协同性和包容性，以适应不断变化的社会和管理环境。

2.4　产业相关管理理论的重要性

产业相关管理是指地方融资平台机构和非地方融资平台组织管理公共资源和公共事务的过程，是现代社会不可或缺的一部分。产业相关管理理论是指对产业相关管理进行研究和理论探讨，旨在提高产业相关管理的效率和效果，为产业相关管理实践提供指导和支持。

产业相关管理理论的重要性体现在以下几个方面。

首先，产业相关管理理论可以帮助地方融资平台机构和非地方融资平台组织更好地管理公共资源和公共事务。公共资源和公共事务具有公共性、非竞争性、不可分割性和外部性等特点，因此需要地方融资平台机构和非地方融资平台组织进行管理和调控。产业相关管理理论研究如何更好地管理公共资源和公共事务，提高公共资源的利用效率和公共事务的执行效果。

其次，产业相关管理理论可以促进地方融资平台机构和非地方融资平台组织的创新和改革。产业相关管理理论不断地探索和研究新的产业相关管理模式和方法，为地方融资平台机构和非地方融资平台组织的创新和改革提供了理论支持和指导。地方融资平台机构和非地方融资平台组织可以根据产业相关管理理论的研究成果，不断地改进管理模式和方法，提高管理效率和效果。

再次，产业相关管理理论可以促进地方融资平台机构和非地方融资平台组织之间的合作和协调。产业相关管理涉及多个部门和组织的协作和协调，需要地方融资平台机构和非地方融资平台组织之间建立合作机制和协调机制。产业相关管理理论研究如何建立有效的合作机制和协调机制，促进地方融资平台机构和非地方融资平台组织之间的合作和协调。

最后，产业相关管理理论可以提高公众对产业相关管理的信任和满意度。产业相关管理涉及公共资源和公共事务，关系到公众的切身利益。产业相关管理理论研究如何提高产业相关管理的透明度、公正性和效率，促进公众对产业相关管理的信任和满意度。

综上所述，产业相关管理理论对于现代社会的发展和进步具有重要意义。地方融资平台机构和非地方融资平台组织应当注重产业相关管理理论的研究和应用，提高产业相关管理的效率，促进社会的可持续发展。

第3章 CHAPTER 03 地方融资平台金融支持产业发展的基础

3.1 地方融资平台金融支持产业发展的概念和特征

地方融资平台金融支持产业发展是指地方融资平台通过财政、金融等手段，对特定产业进行资金、税收、补贴等方面的支持，以促进产业的发展和升级，提高国家的经济竞争力和社会福利水平。地方融资平台金融支持产业发展是国家产业政策的重要组成部分，也是实现产业转型升级和经济转型升级的重要手段。地方融资平台金融支持产业发展的特征主要包括以下几个方面。

（1）政策性强。

地方融资平台金融支持产业发展的资金来源于财政预算、地方平台金融机构等地方融资平台资金渠道，具有明显的政策性和导向性，是国家产业政策的重要组成部分。

（2）针对性强。

地方融资平台金融支持产业发展的资金主要针对特定的产业和领域，具有明确的目标和方向，是国家产业政策的具体实施措施。

（3）多元化形式。

地方融资平台金融支持产业发展的形式多种多样，包括财政资金、银行贷款、担保、税收优惠、补贴等多种方式，以满足不同产业和企业的需求。

（4）长期性强。

地方融资平台金融支持产业发展是一个长期性的过程，需要地方融资平台持续投入和支持，以保障产业的稳定发展和升级。

（5）可持续性强。

地方融资平台金融支持产业发展需要考虑社会和环境的影响，确保产业的发展和升级是可持续的，符合经济、社会和环境协调发展的。

除了上述特征，地方融资平台金融支持产业发展还具有以下几个方面的特点。

（1）市场导向。

地方融资平台金融支持产业发展是在市场经济条件下进行的，必须充分考虑市场需求和市场规律，以确保资金的有效使用和产业的可持续发展。

（2）创新引领。

地方融资平台金融支持产业发展需要关注创新驱动和技术创新，促进产业的转型升级和高质量发展，以适应国际市场竞争的需求。

（3）合理定位。

地方融资平台金融支持产业发展需要根据产业的发展阶段和市场需求，合理进行产业和企业发展方向和目标的定位，以提高政策的有效性和针对性。

（4）风险控制。

地方融资平台金融支持产业发展需要加强风险管理和控制，防范政策资金的滥用和产业的过度扩张，以保障政策的可持续性和产业的健康发展。

（5）多元化支持。

地方融资平台金融支持产业发展不仅包括财政补贴、贷款担保等直接金融支持，还包括税收优惠、知识产权保护等间接金融支持，以及创业孵化、人才培养等非金融支持，形成多元化的产业发展支持体系。

（6）公平公正。

地方融资平台金融支持产业发展需要遵循公平公正原则，不偏袒某个行业或企业，不干预市场竞争，保障各类企业的平等机会和公正竞争环境，以推动产业的健康发展。

（7）长期性。

地方融资平台金融支持产业发展需要具有长期性，不能仅仅停留在短期救急或过渡阶段，而是要注重长期战略规划和投资，以推动产业的可持续发展。总之，地方融资平台金融支持产业发展是一项复杂而重要的工作，需要地方融资平台、企业和社会各方面的共同努力，以推动产业的发展和升级，促进国家的经济繁荣和社会进步，是一项重要的国家产业政策，具有政策性强、针对性强、多元化形式、长期性强、可持续性强等特征，可以促进产业的发展和升级，提高国家的经济竞争力和社会福利水平。

3.2　多元化金融服务体系建设

随着经济全球化和市场竞争的加剧，金融服务业正面临着巨大的变化和挑战。在此背景下，多元化金融服务体系的建设已成为金融服务业的重要发展方向。多元化金融服务体系建设旨在满足不同客户群体的需求，提高金融服务质量和效率，促进的金融服务业可持续发展。多元化金融服务体系建设需要从以下几个方面入手。

1. 产品创新

金融服务机构需要不断创新金融产品和服务，满足不同群体客户的需求。比如针对小微企业的融资需求，可以推出定制的小微企业贷款产品；针对个人客户的财务需求，可以推出更多样化的金融产品。此外，还可以通过金融技术的应用，开发出更加智能化、便捷化的金融产品和服务。

2. 渠道拓展

金融服务机构需要通过多种渠道向客户提供金融产品和服务。除了传统的银行柜台、自动取款机等渠道，还可以通过互联网、移动终端等新兴渠道满足客户多样化的消费习惯和需求，为客户提供金融服务。

3. 风险管理

为确保客户的资金安全和利益，金融服务机构需要建立健全的风险管理体系。在多元化金融服务体系建设过程中，要加强风险管理和控制，避免金融产品和服务创新带来的风险和不确定性。

4. 人才培养

金融服务机构需要加强人才培养，提高员工的专业素质和服务水平。在多元化金融服务体系建设过程中，需要培养具有多元化金融知识和技能的专业人才，以满足客户的多元化需求。总而言之，多元化金融服务体系的建设是金融服务业的重要发展方向。通过产品创新、渠道拓展、风险管理和人才培训，金融服务机构可以提高金融服务的质量和效率，满足客户的多元化需求，促进金融服务业的可持续发展。

3.3 裕民村小额信贷模式分析

裕民村小额信贷模式是一种针对农村贫困地区的信贷模式，在这种模式下，银行与贫困地区的贫困户之间构建了一种基于风险分担和利益共享的合作模式，为贫困户提供了渠道更灵活、流程更简单、担保方式更多样、信用评估更科学的小额信贷服务。

这种模式所涉及的主要参与者包括信贷机构（如银行）、信用保障组织（如地方融资平台、社会组织）、客户（贫困户）、担保组织（如合作组织、家庭成员）等。

从协作模式来看，这种小额信贷模式采用的是银行与地方融资平台、社会组织等多重信用保障机制的协作模式。具体来说，信贷机构通过与地方融资平台、社会组织等信用保障组织进行合作，获取对农村贫困户的信用评估、风险分析和资产评估等信息，提前筛选出风险小、覆盖面广、经济效益良好的贫困户，并指导这些贫困户进行财务规划。同时，担保组织对贫困户提供担保，作为信贷机构的后盾。

从服务内容来看，这种小额信贷模式注重满足农村贫困地区贫困户生产经营的实际需求，包括项目融资、天花板贷、流动资金贷、农业生产贷、教育贷、医疗贷等多种形式的小额信贷服务，能够更好地满足贫困户的实际需求，增强贫困户的创业和致富能力。

裕民村小额信贷模式具有以下优点。

1. 强化风险分担机制，风险控制能力强

针对贫困户信用等方面的风险，通过与信用保障组织、担保组织等多方合作，实现风险的分摊和分散。

2. 流程简化，信贷服务更高效

在小额信贷模式中，客户的资信评估、担保手续、贷款发放和还贷环节都经过简化和优化，使整个流程更加流畅，服务效率得以提升。

3. 贷款人更灵活，覆盖面更广

这种小额信贷模式能够满足贫困户多种贷款需求，贷款人更灵活，能够更好地为贫困户的生产和生活提供资金支持。

4. 促进了贫困户的可持续发展

小额信贷的推广，有助于提高农村贫困户的创业致富能力，从而促进其可持续发展。

从发展趋势来看，越来越多的城市和农村地区已经开展了小额信贷业务，并取得了显著成效。与传统贷款相比，小额信贷具有灵活、快捷、低成本等特点，可以更好地满足个人和企业的轻微或个别贷款需求，有良好的发展前景。

总之，裕民村小额信贷模式对于农村贫困户的生产经营活动有着重要的支持作用。从风险管理和利益分配的角度看，其模式构建更合理，发展空间更大，并对农村经济的发展起到了积极的促进作用。

3.4 金融对实体经济发展影响评价

金融作为现代经济的重要组成部分，对实体经济的发展具有重要影响。金融与实体经济之间的关系是相互依存、相互促进的。金融的发展可以为实体经济提供资金、技术和管理等方面的支持，从而推动实体经济的发展。

金融与实体经济之间的关系是相互促进的。实体经济的发展需要金融的支持，而金融的发展也需要实体经济的支撑。金融机构通过向实体经济提供融资、投资、保险等服务，促进实体经济的发展和壮大。同时，实体经济的发展也为金融提供了更多的业务机会和市场需求，推动金融的创新和发展。金融与实体经济之间的关系还体现在资金流动和风险传递方面。金融机构通过资金的流动，将社会闲置资金配置到实体经济中，促进资源的优化配置和利用。同时，实体经济的风险也将通过金融机构传递到金融市场，影响金融市场的稳定和发展。因此，金融机构需要加强风险管理和控制，以确保金融市场的稳定和健康发展。

金融机构除了提供融资、投资、保险等服务，还通过提供支付、结算、清算等基本金融服务，促进实体经济的交易和流通。这些基础金融服务的高效运作，可以提高实体经济的效率和竞争力，促进经济的发展。同时，随着科技的发展和金融创新的推进，金融机构还可以通过数字化、智能化等手段，为实体经济提供更加便捷、快速、安全的金融服务，进一步促进实体经济的发展。另外，金融与实体经济之间的关系还需要考虑到政策的作用。地方融资平台可以通过制定引导金融机构支持实体经济发展的货币政策、财政政策、产业政策等手段。例如，通过调整货币政策，降低融资成本，鼓励金融机构加大对实体经济的支持力度；通过制定税收优惠政策，吸引金融机构投资实体经济中的重点领域和项目；通过产业政策，引导金融机构加大对实体经济中新兴产业的支持力度，促进实体经济结构调整升级。金融机构除了提供融资、投资、保险、支付、结算、清算等基础金融服务，还可以通过创新金融产品和服务，满足实体经济的多样化需求。例如，金融机构可以推出专门针对中小微企业的融资产品，帮助其解决融资难题；也可以推出面向消费者的金融产品，如消费贷款、信用卡等，促进消费升级和经济增长。此外，金融机构还可以通过合作创新，与实体经济企业共同开发新产品、新技术，实现互利共赢。在金融与实体经济之间的关系中，风险管理和控制也是非常重要的一环。金融机构需要通过严格的风险管理措施，保障客户资金安全，防范各种风险。同时，地方融资平台还需要加强对金融机构的监督管理，确保金融市场的稳定健康发展。

综上所述，金融与实体经济之间的关系是复杂而密切的。金融机构需要积极支持实体经济的发展，同时也需要加强风险管理和控制，保障金融市场的稳定和健康发展。地方融资平台也需要通过政策引导，促进金融与实体经济的良性互动，实现经济的可持续发展。金融与实体经济之间的关系是相互依存、相互促进的。金融机构需要积极支持实体经济的发展，为实体经济提供更好、更高效的金融服务。金融机构还需要加强风险管理和控制，维护金融市场的稳定和健康发展。金融机构需要积极支持实体经济的发展，为其提供多样化的金融服务和产品，同时也需要加强风险管理和控制，保障金融市场的稳定和健康发展。

第4章 CHAPTER 04 建构地方融资平台金融支持产业发展的策略

4.1 完善金融体制，促进产融合作

随着我国经济的快速发展，金融体制也在不断完善。然而，某政策性金融平台仍然需要进一步加强金融体制的建设，以更好地促进产融合作，支持实体经济发展。首先，需要加强金融监管和风险管理。金融机构作为经济的重要组成部分，需要承担风险管理的责任。地方融资平台应该加强对金融机构的监管，加强风险管理和控制，防范各种风险。同时，金融机构自身也需要加强风险管理和控制，保障客户资金安全，维护金融市场的稳定和健康发展。其次，需要进一步发展多层次的金融市场。我国金融市场仍然存在着单一、集中的问题，需要进一步发展多层次的金融市场，以满足不同层次的融资需求。地方融资平台应该积极推动发展中长期债券市场、股权市场等多层次的金融市场，为实体经济提供更加多样化的融资渠道。再次，还需要加强金融科技的应用。随着信息技术的发展，金融科技已经成为金融行业的重要发展趋势。金融机构应该积极探索金融科技的应用，提高金融服务的

效率和质量。地方融资平台应该加强对金融科技的监管，促进金融科技与实体经济的深度融合。最后，需要加强产融合作，实现互利共赢。金融机构应该积极支持实体经济的发展，为其提供多样化的金融服务和产品。地方融资平台应该通过政策引导，促进金融与实体经济的良性互动，实现经济的可持续发展。总之，完善金融体制，促进产融合作是当前金融行业的重要任务。只有通过不断加强金融监管和风险管理、发展多层次的金融市场、加强金融科技的应用、加强产融合作，才能够实现金融与实体经济的良性互动，推动经济的可持续发展。

4.2 创新金融产品，引导资金投向实体经济

在当前的经济形势下，创新金融产品，引导资金投向实体经济，已经成为金融行业的重要任务。为了推动实体经济的发展，某政策性金融平台需要不断创新金融产品，提供更加多样化的融资渠道，为实体经济提供更加全面、高效、便捷的金融服务。首先，某政策性金融平台可以通过发行债券等金融产品，为实体经济提供融资支持。债券是一种长期借款工具，可以帮助企业筹集资金，扩大生产规模，提高市场竞争力。某政策性金融平台可以通过发行中长期债券，为实体经济提供稳定的融资支持，帮助企业实现可持续发展。其次，某政策性金融平台可以通过发行股权等金融产品，为实体经济提供股权融资支持。股权是一种权益性融资工具，可以帮助企业筹集资金，扩大经营规模，提高企业的市场竞争力。某政策性金融平台可以通过发行股权，为实体经济提供股权融资支持，帮助企业实现快速发展。再次，某政策性金融平台还可以通过发行基金等金融产品，为实体经济提供投资支持。基金是一种集合资金的投资工具，可以帮助投资者实现分散投资，降

低投资风险。某政策性金融平台可以通过发行基金，为实体经济提供投资支持，帮助企业实现快速发展。最后，某政策性金融平台可以通过发行保险等金融产品，为实体经济提供风险保障。保险是一种风险转移的工具，可以帮助企业降低风险，提高企业的市场竞争力。某政策性金融平台可以通过发行保险，为实体经济提供风险保障，帮助企业实现可持续发展。总之，创新金融产品，引导资金投向实体经济，是当前金融行业的重要任务。只有通过不断创新金融产品，才能提供更加多样化的融资渠道，为实体经济提供更全面、高效、便捷的金融服务，实现金融与实体经济的良性互动，促进经济的可持续发展。

4.3　规范金融市场，防范金融风险

随着金融市场的不断发展，金融风险也在增加。金融监管机构需要采取一系列措施，加强对金融市场的监督和管理，以规范金融市场，防范金融风险，保护投资者权益。首先，金融监管机构要加强对金融机构的监管。金融机构是金融市场的重要组成部分，其经营行为直接影响着金融市场的稳定和健康发展。为防范金融风险，金融监管机构应加强对金融机构的监督管理，规范其经营行为，加强风险管理，确保金融机构的稳定经营。其次，金融监管机构要加强对金融产品的监管。金融产品是金融市场的核心产品，其质量和安全性直接影响着投资者的利益。为保护投资者权益，金融监管机构应加强对金融产品的监督管理，规范其发行和销售，加强风险评估和控制，确保金融产品的质量和安全。再次，金融监管机构要加强对金融市场的监管。金融市场是金融机构和投资者交易的场所，其稳定和健康发展对整个金融体系的稳定和健康至关重要。为规范金融市场，金融监管机构应加强对金融

市场的监管和管理，加强市场监测和风险预警，及时发现和应对市场风险，确保金融市场的稳定健康发展。最后，金融监管机构要加强对金融从业人员的管理和监督。金融从业人员是金融市场的重要参与者，他们的职业道德和素质直接影响着金融市场的稳定和健康发展。为确保金融市场的健康稳定发展，金融监管机构应加强对金融从业人员的管理和监督，规范其行为，加强职业道德教育，提高员工的素质和能力。

为了规范金融市场，防范金融风险，金融监管机构需要采取一系列措施，加强对金融机构、金融产品、金融市场和金融从业人员的监督管理，确保金融市场的稳定健康发展，保护投资者的权益。

4.4 提升金融服务效率，为产业发展提供保障

伴随着经济的快速发展，各行各业对金融服务的需求也越来越大。金融服务是现代产业发展的重要支撑。提高金融服务效率，保障产业发展，已成为地方融资平台和金融机构的共同目标。首先，要提高金融服务效率，需要加强金融技术的应用。随着科学技术的不断进步，金融技术已成为提高金融服务效率的重要手段。为了提高金融服务的效率和质量，金融机构应加强金融技术的研发和应用，推广智能化、自动化的金融服务模式。其次，要加强金融人才的培养和引进，提高金融服务效率。金融人才是金融服务的核心，其质量和能力直接影响金融服务的效率和质量。应加强金融人才的培养和引进，提高金融人才的素质和能力，促进金融服务的创新和发展。再次，加强金融监管改革创新，提高金融服务效率。金融监管是金融服务的重要保障，其改革创新直接影响金融服务的效率和质量。金融监管机构应加强对金融服务的监督管理，促进金融监管的创新和改革，提高监管的效率和准确性，

确保金融服务的安全和稳定。最后，要提高金融服务效率，需要加强金融服务的国际化和创新。金融服务是全球化的，各国金融机构要加强国际合作，促进金融服务的国际化和创新。金融机构应加强对国际金融市场的研究和理解，掌握国际金融服务的最新趋势和趋势，不断创新金融服务模式，提高金融服务的国际竞争力和影响力。简而言之，要提高金融服务效率，为产业发展提供保障，金融机构需要加强金融技术的应用，加强金融人才的培训和引进，加强金融监管的改革和创新，加强金融服务的国际化和创新。只有不断提高金融服务的效率和质量，才能为产业发展提供更好的支持和保障。

4.5　“某政策性金融平台”金融支持产业开发总体方案设计

4.5.1　产业集聚服务

笔者工作的平台公司“某政策性金融平台”通过服务于国家产业政策密集与资本追逐的交叉地带，开展前瞻性、引领性、带动性、示范性的创新金融服务，发起产业投资基金，提供产业链集聚、供应链服务，通过各种产业指数、自然禀赋与分工、分工与收益递增、区域分工与差异、绿色证券指数分析和顾问咨询服务，引导优质企业直接投资于能够获得最大投资回报的地区，协助地方融资平台制定产业激励政策，在专门的地方提供低廉的土地和公共基础设施建设，并引导先投资的企业对后来的企业形成示范性，因此，在“某政策性金融平台”引导资本迁移和流动的带动下，促进地方先后出现不同产业的集群，“某政策性金融平台”为经济实体提供政策赋能、金融赋能、“协同创新超级平台”赋能，是地方形成产业集群的重要力量。

4.5.1.1 为地方融资平台和经济开发区服务的“某政策性金融平台”模式

“某政策性金融平台”产业集聚服务的主要模式包括引导资本流动，引导领先企业实施，引导地方融资平台政策优化，为地方融资平台与市场搭建桥梁。

同时，“某政策性金融平台”将利用“协同创新超级平台”为地方融资平台提供协同、协调、创新的综合授权服务。总体采用“12 1 N”创新的服务模式。“12”是指平台拥有12个服务中心，“1”是指平台拥有一个高端智库，用于政产学研。“N”是指平台产品种类繁多，能够为地方融资平台、园区和企业提供全产业链的综合性、系统性和专业性服务。

具体包括以下几方面：

1）协助地方融资平台培育更大规模的经济或市场

“某政策性金融平台”帮助地区获得更大的经济规模，降低单位生产成本，或接近更大的市场。在其他条件相同的情况下，领先企业自然会首先考虑在该地区投资。

2）协助地方融资平台培育基础设施或公共物品的丰富性

“某政策性金融平台”培育道路、桥梁、机场、交通、供电、供水、供气、通信等基础设施，生产公共物品区域经济发展基础设施，协助地方建设国际标准基础设施区域和城市，自然是领先企业倾向于集中的地方。

3）协助地方融资平台提高劳动力数量、质量和成本

“某政策性金融平台”往往是外国投资者在形成产业集聚过程中考虑的一个重要因素，帮助地方融资平台培养具有一定技能的劳动力。

4）协助地方融资平台优化政策环境

“某政策性金融平台”帮助优化各地区的政策环境，包括：政策解释、政策对接、政策研究和政策推广；国家发展和改革委员会、工业和信息化部、科技部等相关领导做政策报告和政策解释。

5）协助地方融资平台优化产业服务体系的培育

（1）“某政策性金融平台”协助地方融资平台在专业广告商、样品邮寄、国际广告公司、国际快递公司、国际货运公司等产业集群体系中培育中间产品和专业服务，如物流、仓储、采购、咨询、会计和金融服务提供商，相对完善的产业服务体系也是吸引产业着陆的因素。

（2）“某政策性金融平台”还将帮助地方融资平台引导专业服务业的发展，包括物流、展览、仓储运输、保险金融、咨询、营销服务提供商加入，使产业集聚具有非常有效的外部经济规模，使外部主导产业集群结构更加完善，使集团企业能够获得与当地相同的商业模式和商业服务。跟随客户是国际服务业的发展理念，这种服务业的迁移和发展进一步促进了产业集聚的形成。

（3）在“某政策性金融平台”产业链和供应链集聚服务引发当地新兴产业后，也将促进产业生产的进一步专业分工，使专业分工达到最佳规模和最佳效率，加快产业集聚在某一地区的形成。

4.5.1.2　“某政策性金融平台”产业服务与产业集聚的关系

1）“某政策性金融平台”产业集聚服务模式

以充分尊重产业集聚规律为基础，使市场机制发挥主导作用，通过地方融资平台产业政策的指导，使产业资源合理有序地流向适合产业发展的地区，最终形成有效的产业集聚。强调在充分发挥市场机制的前提下，引导地方融资平台适当利用地方融资平台的职能，引导地方融资平台积极创造环境，增加适合产业集聚发展的公共产品投资，加快产业资源流向该地区，最终形成高效的产业集聚区。对于该地区缺乏集聚条件的行业，该行业已集聚在其他地方，可以鼓励其他行业的发展，或支持其他地方集聚的产业生产，以加强区域间的分工与合作。

2）贯穿始终的“某政策性金融平台”思想

产业集聚是分工和收入增加、在市场因素的背景下形成规模经济、外部性和交易关系，以及基于市场经济的制度因素。因此，经济自由和市场体系的完善是产业集聚形成的基础。一个产业集聚在一个地区，首先是市场、规模经济、外部等内部因素，通过市场信号的作用吸引相关企业聚集在一起。此外，资本、技术、信息和劳动力的自由流动是产业集聚最终形成不可或缺的条件。引导地方融资平台产业政策在产业集聚形成和发展中的作用主要体现在创造有利于产业经济活动集聚的环境和市场，如创造更多的公共产品，改善中介服务，帮助企业沟通技术信息和市场信息，创造有利于企业分工与合作的网络。引导地方融资平台支持产业集聚的最佳方式是鼓励大学和科研机构的研究为当地产业服务，如硅谷，并举办职业培训中心和信息服务机构，加强区域和产业的营销活动，帮助企业进行沟通与合作。简而言之，引导地方融资平台通过创造产业发展环境和建立公平的市场来促进该地区产业活动的集聚，这也是引导地方融资平台产业政策的最大功能。

3）“某政策性金融平台”产业集聚服务的重点是引导资本流动

（1）当产业集聚达到一定程度时，引导其他地区的产业集中在这里，导致资本流动，形成更大规模的产业集聚；

（2）某一地区没有相关产业，引导外资在这里投资建设第一家企业后，逐渐引发当地企业成长，最终形成产业集聚；

（3）引导部分地区产业在外资投资的基础上形成，即行业内主要企业为外资企业，相关产业集群基本为外资企业。

4）“某政策性金融平台”产业服务有两个主要优势

“某政策性金融平台”产业链和供应链集聚赋能服务到投资场所后，无论是在当地现有的产业集群中，还是在没有产业集群的基础上，都可以形成产业集群。主要原因有两个优势。

（1）第一个优势是“某政策性金融平台”在指导关键企业或领导企业（世界 500 强跨国公司、领先的中央地方融资平台企业、优质知名企业等），特别是第一个在当地投资的领导企业，在最终形成产业集群中发挥着至关重要的作用。该企业是一家大型企业，在行业中具有非常重要的影响。在某种程度上，它是行业的“领导者”。它可以创造一个大规模的经济和市场，以吸引中间产品和提供生产性服务的企业聚集在它的周围。在投资其他国家或地区之前，领导企业或其他企业可能存在于国内或地方的外部经济中，即领导企业是国内或地方产业集群中的企业。当领导企业或其他企业投资于其他国家或其他地区时，这种产业集群模式（也是一种产业经验）自然会移植到投资场所。如果当地环境适合这种产业集群的形成，并且有条件在产业内外形成集群，如果有现成的中间产品制造商，专业服务提供商将会从遥远的地方搬到这里，或者在这里发展，产业集群将会顺利出现。此时，新的产业集群（投资场所）是原产业集群的移植（原产地），相当于领导企业或直接投资的企业将外部经济的影响延伸到新的地区。

（2）第二个优势是积极引导投资地方融资平台的政策效果。“某政策性金融平台”通过政策解读、智库专家指导等政策授权服务，引导地方融资平台努力创造适合产业集群形成和成长的商业环境和文化环境，取得良好效果，在“某政策性金融平台”的指导下，地方融资平台将具有较高的产业政策水平，明确产业集群发展规律，有意识地通过政策和环境培育产业集群，有利于产业集群的增长。“某政策性金融平台”在引导地方融资平台方面的作用也体现在鼓励“某政策性金融平台”产业链和供应链服务的某些产业集聚在规划区域的特殊折扣上。假设地方融资平台要在当地建立一个代表新兴产业方向的医药产业集中区，即所谓的“药谷”，对土地租赁、税收减免、服务支持等实施特殊优惠待遇，这些特殊优惠待遇将在一定程度上改变资本供需结构和资本的流动。在特殊优惠政策的刺激下，流向该地区的制药业。资本，包括海外资本，将增加供应（可以减少资本流向其他地区的数量），从而形成药品制造业的集聚效应和产业集群现象。

4.5.1.3 产业集聚形成“某政策性金融平台”产业服务的方法和手段

“某政策性金融平台”产业链和供应链集聚服务促进当地产业集聚的方法和手段主要包括环境模拟、风险规避、人才利用和示范作用、龙头企业。

1）环境模拟

通过分析领导企业的当地环境因素，建立移植场所的政策、资本、劳动力、服务业务体系等环境模拟，有助于缩短龙头企业在陌生投资中的适应期。

2）风险规避（降低交易成本）

在“某政策性金融平台”产业链和供应链集聚服务聚集的地方，不确定或不可预见的风险最低。规避风险是投资者的本能。无论市场多有吸引力，还是投资回报高于一般投资回报，投资者总是必须考虑到不熟悉的市场和不熟悉的投资场所可能存在的风险。一般来说，“某政策性金融平台”产业链和供应链集聚服务较多，“风险指数”相对透明。后来的投资者可以根据这个“指数”来选择投资场所。“某政策性金融平台”产业链和供应链集聚服务集中的地方“风险指数”相对较低，直接关系到环境模拟。“某政策性金融平台”产业链和供应链集聚服务聚集在同一地点，避免风险，也是降低交易成本的途径。在“某政策性金融平台”产业链和供应链集聚服务聚集区，无论是制造商、制造商和协会之间，还是制造商和地方融资平台之间，交易成本都较低。

3）人才利用

在“某政策性金融平台”产业链中，供应链集聚服务相对集中，人才培训和供应相对丰富，可以获得高素质和专业技能人才，这是吸引外国投资企业聚集的重要原因，也是产业集聚效应扩大到一般投资集聚区的结果。在发展中国家和地区，投资发达地区的资本通常可以提供更高的工资，这将吸引区域以外的专业人员和劳动力集中在投资集聚区，包括工程师、技术人员、设计师、工匠、专业设备维修人员等具有特殊技能的专业人员。此外，外国投资企业聚集的地方也为人才和劳动力提供了学习专业知识和技能的机会。这一机会不仅来自外国投资企业普遍采用的专业培训体系，也来自区域内专业技能的非正式交流。当这种非正式交流发展到一定阶段时，就会演变成企业与人才之间的技术溢出。在“某政策性金融平台”产业链和供应链集聚服务聚集区，人才专业水平和劳动力技能的提高速度快于其他地方。

4）示范作用

从动态的角度来看，“某政策性金融平台”产业链和供应链集聚服务是一个可持续发展的过程。在这一发展过程中，早期投资厂商必然会借鉴和启发后期投资厂商。只有那些聚集更多外商投资企业的地方才会提供这样的机会供学习和吸取经验。新投资者无法从外商投资企业很少甚至没有的地方学习。这样，在“某政策性金融平台”产业链和供应链集聚服务聚集区，就会出现示范效应，这是对经济集聚的一种促进。

5）龙头企业

从某种意义上说，“某政策性金融平台”产业链和供应链集聚服务是龙头企业（世界500强跨国公司、领先中央地方融资平台企业、优质知名企业等）全球化战略的具体表现。全球龙头企业的投资引发了一系列国际业务。通过这些国际业务，龙头企业“串联”了一批国际企业。国际企业遵循“跟随客户”的战略，在全球范围内开展业务。目前，中国龙头企业的综合生产成本相当低，最接近市场也意味着节约成本，当龙头企业到当地投资时，希望将熟悉的全球统一商业模式复制到中国，商业模式包括龙头企业的客户链，即与龙头企业有客户合作关系的企业也将与龙头企业一起到中国，这些客户包括为龙头企业提供中间产品的制造商和物流、仓储、采购、咨询、会计和金融服务提供商。此外，与龙头企业有如此稳定的业务合作关系的企业是龙头企业的全球客户合作伙伴，即龙头企业在哪里投资，这些中间产品制造商和服务提供商也会在那里投资。这种围绕领导企业的国际投资行为是企业的“群体生存”。

4.5.1.4 与国家发改委顶层制度设计协调

在给定的技术因素条件下，随着我国农村产业化的发展，当没有外资促进的形成路径时，产业集聚往往形成于浙江等缺乏土地、劳动人口过剩、制度演变容易取得突破的地方。土地流转制度实际上是土地制度变更的一种方式，它首先在浙江兴起，然后发展到江苏等地区。

土地流转作为最古老的制度变革，对劳动分工、农村产业化和制度的长期变化有着深远的影响。

农民将自己不耕种的土地委托给专门机构，然后通过一定的合同将不耕种的土地转让给农田经营者，实现了土地某些产权的自由过渡，这是我国当代土地制度框架的深刻变化。土地转让改变了原土地生产要素的结合，从过去对土地的依赖中解脱了多余的劳动力，成为自由活跃的生产要素。同时，土地流转也将资本引入土地，促进了资本与土地的结合。从浙江、江苏等地的土地流转来看，资本进入土地已成为一种普遍现象。事实上，当资本开始与土地结合时，围绕土地的经济关系发生了重大变化，一些留在土地上的农民开始以雇佣劳动的方式参与资本-劳动-土地的结合。虽然此时农民仍在自己的土地上耕种，但他们完全听从土地信托机构手中集中土地的经营者。这些携带资本的经营者指挥农民，有点像指挥工厂的工人，按照分工原则安排农民的具体经营，追求规模经济效益。此时，留在土地上的农民实际上是在扮演农业工人的角色。

集体土地流转在很大程度上降低了过程中的交易成本。如果农田经营者和农民一个接一个地谈论土地的意图和价格，谈判成本太高，最终可能不成功，特别是如果一大块土地中有一小块土地的农民不愿意转让，土地甚至不是一块，规模经济将失去条件。浙江绍兴等地的土地托管机构充当“收购人”和“批发商”，通过集中谈判聚集一小块土地，然后以一定价格转让给专业从事大型土地经营的资本持有人。同时，土地集聚自然是劳动力的聚集。这些劳动力集聚在工业、城市和城镇周围，为农村产业化和产业化提供了分工和制度演变的条件。

复制浙江等地土地转让制度的意义在于：一是加快劳动力集聚，为产业集聚提供基本条件；二是农村土地承包制度实施后不久开始个人私人土地转让，使新制度容易出现地方突破；三是客观促进土地集聚，满足规模经营要求，促进产业集聚。

“某政策性金融平台”主管部门为国家发改委提供更具自然优势的建议。浙江土地制度变革的成功经验将是全国土地资本复制、乡村振兴、产业集聚和环境模拟的宝贵依据。

4.5.2 产业链转型服务

随着中国经济的不断增长，中国原本形成的低端制造业和资源消耗型产业结构无法支撑经济的可持续发展，不得不进行产业结构的转型升级。地方融资平台还将产业转型升级作为新时期的一项重要经济任务。在经济全球化的背景下，如何从单一的劳动密集型产业发展到技术密集型或知识密集型产业集聚，即实现产业集聚的升级和更新，是我国产业发展与区域经济发展相结合的主要战略方向。

在一个行业，有很多企业从事行业内的生产经营活动，行业可以存在，行业转型升级过程也是由行业企业进入产业转型升级活动。企业进入产业转型升级，形成整个行业转型升级效果。从这种依赖关系来看，产业转型升级最终取决于行业内的微观个体企业。那么，企业最终是否愿意参与产业转型升级，参与到什么程度，如何将其传统业务内容转变为新兴产业或实现原有产业的升级？对于一个旧产业，通常观察到的产业转型升级是：一开始，旧产业的少数企业率先转型或升级到新行业，少数企业是冒险企业，然后其他企业慢慢跟进，这些跟进企业中，一些企业可能会模仿以前的企业，另一些企业可能会在模仿中加入新产业的创新活动，这取决于这些跟进企业在跟进过程中可以获得的新知识。这样，旧产业向新产业的转型升级就逐渐有了探索过程。后来，当这一探索过程中出现前景或商机时，更多的企业将参与并发展新产业。

综上所述，“某政策性金融平台”将在全国推广绿色产业创新示范园区，围绕国家发改委绿色产业指导目录筛选绿色创意样本，实践习近平的“两山理论”，使绿色成为生产力和新动能。以产业数字化为主线，围绕数字经济、智能化、数字化产业，进一步推进“碳达峰、碳中和”。围绕“绿色投资主题基金、绿色指数证券投资基金、工业园区房地产证券投资基金”开展前瞻性、引领性、驱动性和示范性（RE-ITS）、战略性新兴产业基金债券、优质企业债券、绿色债券、小微企业债券、ABS 供应链、金融租赁、保理、海外融资等创新金融服务，同时发行产业投资基金。企业和项目数据库是通过政策和资本两大驱动力形成的，为当地经济转型升级和创新驱动的筛选和授权服务，促进绿色转型企业的集聚。

4.5.2.1　“某政策性金融平台”产业链转型服务原则

地方融资平台将根据自身利益的需要制定和实施地方产业政策，因此地方产业政策、企业市场行为和地方融资平台与企业之间的利益依赖和约束共同决定了地方绿色产业政策的选择和产业转型升级的结果。需要强调的是，虽然地方产业政策在影响企业产业转型升级行为方面存在这些作用机制，但不能取代市场机制的作用。一方面，产业政策对企业行为的影响是通过市场机制进行的，只是为了改变企业按照市场机制经营的收入、成本和风险，因此产业政策离不开市场机制；另一方面，在不涉及产业政策的情况下，企业从事产业转型升级的行为完全取决于市场的实际情况和市场机制。因此，企业参与产业转型和地方经济转型升级的最终行为总是由市场状况、市场机制和地方融资平台产业政策共同作用决定的。

4.5.2.2 “某政策性金融平台”产业链转型服务的主要内容

激发地方融资平台对产业转型升级的兴趣和热情，引导地方融资平台制定绿色动能产业政策，促进企业积极参与绿色转型，引导绿色转型企业集聚。

1）协助、激励和引导地方融资平台

“某政策性金融平台”将鼓励、指导和协助地方融资平台以不同的方式干预产业政策，制定合理的产业政策，并在产业转型升级的相应阶段正确应用，使产业链绿色转型升级接近最佳结果。主要方法如下。

（1）鼓励地方融资平台对产业转型升级的兴趣和热情。

①通过产业转型升级过程，让当地企业开辟新的发展方向和市场，避免这些企业慢慢破产，也避免当地企业资本流出，稳定当地经济规模，维护和培育当地财政收入和当地就业基础，也可以通过当地经济和社会稳定，为当地地方融资平台及其官员积累成就。

②通过产业转型升级过程，地方融资平台可以得到上级地方融资平台的一些新政策支持，利用这些新政策，可以将一些现有的地方资源转化为地方融资平台控制的经济资源，让这些以前不能使用或不允许使用的资源给地方融资平台带来新的经济效益，主要包括廉价的地方土地资源、新项目等。通常，由于地方融资平台对地方经济资源有很大的控制能力，它们总是通过各种方式储备一些廉价的地方土地资源，并控制一些项目和项目的审批权。有时，由于上级政策对地方融资平台行为的限制，这些控制在地方融资平台手中的资源和权力不能成为经济效益。如果利用产业转型升级的机会可以得到上级政策的放松甚至支持，地方融资平台将结合当地土地资源和项目，吸引其他社会资本流入，让土地增值，让这些项目推动一些地方企业的产出，让

地方融资平台获得大量的财政收入。

③在产业转型升级过程中，地方融资平台可以与外国企业合作，引进先进技术，与外国企业建立经济交易，扩大区域甚至全国市场的经济交易规模，也可以通过这些方式引进外部资金对当地产业的投资，扩大当地投资规模和经济规模。

④通过产业转型升级过程，地方融资平台及其官员有更多的干预企业和企业业务项目的行为，地方融资平台及其官员的干预行为总是伴随着各种权力寻租，特别是地方主要执政官员可以获得丰厚的租金，包括建立自己的形象项目，培养自己的社会地位和声誉，形成自己的社交网络等。

⑤通过实施上级地方融资平台要求的产业转型升级，可以获得上级增加地方财政收入的特殊财政补贴或财政支持。

⑥通过实施上级地方融资平台要求的产业转型升级，反映了对上级地方融资平台意愿的忠诚，特别是当产业转型升级取得突出成果时，可以提高上级地方融资平台的成就感，从而得到上级地方融资平台的欣赏，并在上级地方融资平台自己的评估中为自己加分。所有这些促进地方融资平台利益的方式和机制都将激发地方融资平台及其官员对产业转型升级的兴趣和热情。

（2）协助地方企业加强转型升级的意愿和能力。

地方融资平台制定和实施产业转型升级政策的热情较高，因为地方融资平台需要相对较低的成本才能达到一定的产业转型升级效果。

（3）协助促进当地经济创新环境和创新能力。

地方融资平台制定和实施产业转型升级的热情将得到提高，因为创新可以解决转型升级中的问题，成功转型升级的可能性将增加地方融资平台的预期收入。

（4）引导金融干预。

地方融资平台对地方金融资源有很强的影响。当地方融资平台希望某一产业转型时，地方融资平台可以让有积极从事地方产业转型升级要求的企业更顺利地获得资金。地方融资平台可以在某些方面给予一些支持，如获得企业风险基金。

（5）协助干预各种地方资源控制。

地方融资平台拥有广泛的资源，包括企业、地方土地资源和其他自然资源、地方公共设施、地方融资平台的外交资源等。虽然地方融资平台在管理这些资源时是合法和合规的，但实际分配仍然相当灵活。

①地方融资平台拥有的企业是地方融资平台直接干预其他企业经营的重要手段。除中央企业外，地方融资平台拥有的企业通常是地方经济中实力较强的企业，或者拥有地方金融、电力、能源、地方稀有资源等一些地方关键资源的企业。因此，这些地方融资平台的企业与其他企业交易，或不与其他企业交易，与其他企业建立什么样的交易关系，将直接影响其他企业的顺利经营和未来。由于地方融资平台的企业总是按照业主——地方融资平台的要求行动，当地方融资平台需要产业转型升级时，这些地方融资平台企业将实施地方产业转型政策，与其他企业有不同的沟通，进一步影响其他企业参与产业转型升级。

②地方融资平台有权使用地方城市土地资源和其他自然资源，且只能从地方融资平台手中获得。虽然中央地方融资平台对地方融资平台管理的土地资源和其他自然资源有严格的法律规定（地方融资平台必须合法合规地使用这些资源），企业也有权申请土地资源或其他自然资源的使用权，但一方面，地方融资平台总是灵活调整和利用上级政策法规，以满足地方融资平台利益的需要；另一方面，这些资源有限，地方融资平台还将采取有序战略，优先考虑遵循地方融资平台产业转

型政策的企业，让其他企业等待。对于企业来说，等待意味着失去资本盈利的好时机，最终可能会自动放弃对这些资源的要求。

③企业有时会需要一些公共设施，但有些公共设施只能由地方融资平台提供。地方融资平台不仅可以决定是否提供一些公共设施，还可以控制公共设施的使用，包括收费标准、使用时间、使用顺序，可以控制不同的企业，影响企业的经营行为，迫使部分企业遵循地方融资平台的产业政策。

④地方融资平台也倾向于使用外交资源。地方融资平台将与上级地方融资平台和其他地方的融资平台在企业经营、企业生产技术、企业产品市场发展、企业产品采购等领域形成一些项目合作或交易平台，为部分企业带来经营效益和机遇。当地方融资平台有选择地进行这些交流时，一些企业可能会从中受益，而另一些企业可能不会受益甚至不利。当这种选择性应用于地方融资平台对产业转型升级的要求时，会对企业的经营行为产生不同的影响。

（6）协助地方融资平台制定政策工具。

地方融资平台在制定地方政策法规时，可以主动按照自己的意愿干预企业行为。

①通常的做法是，在干预企业经营行为之前，地方融资平台将首先调整相关制度法规，了解所有企业，让企业调整经营行为，根据当地制度法规的调整效果，地方融资平台通过一步一步的政策调整，指导部分企业遵循地方融资平台的产业转型意愿。例如，当地方融资平台想通过购买企业产品来支持其发展时，首先会制定地方融资平台需要建立的项目政策，政策所需的项目将由地方融资平台购买。同时，地方融资平台还制定了采购产品的各种规格的要求和细则。这些规则往往是根据企业产品与其他企业产品的不同点设计的，或者提前知道

企业生产的某些生产产品在规格上与其他企业的产品不同，这样，地方融资平台在实施地方融资平台公开采购招标时，就能达到支持部分企业的目的。

②地方融资平台在产业政策上的法律法规实际上分为执行上级政策的法律法规和根据地方情况制定的法律法规，但地方融资平台可以达到政策法规的倾向效果。其中，在执行上级政策法规时，总是把有利的法律法规倾向于对自己有利的企业，而不利的法律法规则倾向于对自己不利的企业。例如，中央企业规模大于地方企业，经营渠道多，税收主要交给中央地方融资平台，地方融资平台在实施上级产业政策时会对企业规模提出要求，最终让中央企业在产业转型中承担大量成本，让地方企业承担较少的成本。

③在制定地方产业政策时，也会根据不同的企业给予不同的待遇。例如，在环保标准的要求上，这些标准通常有一定的要求范围，因此地方融资平台将通过各种不同的制度，对符合自身产业转型要求的企业实施最低环保标准，对其他企业实施最高环保标准。

④地方融资平台的政策形式也是多样化的，包括经济激励政策、控制和限制性政策和指导性政策，以确保地方融资平台根据具体情况灵活使用政策。最后，地方融资平台在制定和实施产业政策和其他相关政策时，总会采取各种不同的措施，对不同的企业产生不同的影响，为地方融资平台的需要服务。

⑤当地方融资平台通过上述方式干预企业行为时，这些手段通常是综合使用的。例如，为了支持企业的产业转型，地方融资平台可以首先制定差异化的制度和规则，然后利用地方融资平台采购、土地审批、财政支持等手段影响企业未来的发展机遇和业绩预期。然后，愿意遵循地方融资平台产业转型政策并得到地方融资平台支持的企业在

经营内容和业绩上会有所不同，当它们去金融市场融资并在其他市场竞争时，将进一步产生竞争力差异，对于仍不能在金融市场产生竞争力差异的企业，地方融资平台也可以通过当地金融资源和当地地方融资平台企业业务行为直接支持，直到企业市场实力发生变化，市场经济产业结构也发生变化。这种综合干预使地方融资平台在干预企业经营时，不仅要让企业按照市场规则运作，还要引导部分企业按照地方融资平台的意愿经营。地方融资平台也可以根据自己的条件来具体处理。

2）协助促进企业积极转型，引导绿色转型企业集聚

主要方法如下。

（1）引导资本产业转型，促进风险偏好资本流入，引导风险中立、风险厌恶资本流入产业转型升级。

（2）协助先进地区企业转移，利用现有的中央地方融资平台企业、资源、技术和市场条件培育市场环境；帮助企业“找到其他更好的可投资产业”，与新产业的垄断企业合作。

（3）通过“超级平台”，协助企业产业技术研发创新和技术应用，引导资本培育上下游配套产业、产业服务环境、产业集聚和市场影响力，创造产业转型期企业利润最大化的基本条件；加强专利保护和申请服务。

（4）筛选风险偏好强、资本规模大、市场地位高、创新精神强的龙头企业，鼓励企业通过政策资本投资进行产业转型，在市场上确立行业领先地位和声誉。

（5）利用地方融资平台的“选择性”产业政策工具、“功能性”产业政策工具、“激励新产业培育”产业政策工具和“激励新产业规模”产业政策工具，协助特定企业进行产业升级。

①“选择性”产业政策工具。为该地区特定企业或行业提供排他性激励，引导这些被选行业和企业率先投资产业转型升级。地方融资平台可以帮助一些选定的行业和企业在产业转型升级中形成竞争壁垒，减少这些行业和企业行为的外部不利干扰。地方融资平台还可以集中有限的精力形成地方产业转型升级的产业模式和企业模式。一是通过这些模式，可以为地方融资平台形成绩效标志；一旦这些行业和企业模式在产业转型升级方面取得突破和进展，将为其他行业和企业提供模仿的方向和方式，自动吸引更多的行业和企业投资于产业转型升级，从点到面，以较少的地方融资平台投入争取更大的带动作用，节约地方融资平台的经济成本。

②“功能性”产业政策工具。地方融资平台根据弥补地方市场缺陷的原则，决定地方融资平台干预内容，出台相应的产业政策，为所有行业和企业提供非排他性激励，引导有条件的行业和企业率先投资产业转型升级。通常，地方融资平台注重为所有行业和企业提供公平有效的竞争平台，鼓励行业和企业根据自身条件选择性地、积极地投资产业转型升级。

③“激励新产业培育”产业政策工具。地方融资平台主要对产业转型升级中的研发（R&D）、发展等企业行为进行政策激励，相应制定产业和企业在产业研发和发展方面取得进展的各项指标，要求参与产业转型升级的产业和企业实施。这类产业政策的优势在于：一是通过产业技术的支持和产业经营环境的营造，可以帮助产业和企业稳步推进产业转型升级，避免产业转型升级中不可持续经营的困境，避免次生经济问题拖累地方财政，损害地方融资平台政绩；二是这类产业政策有利于培养新产业经济的竞争力，因为一旦该地区在产业转型升级技术和商业模式上取得突破，将使该地区在新产业发展中取得领先地

位，可以吸引更多的资本和企业集聚在该地区，增强地方经济实力和地方融资平台经济效益，也可以为地方融资平台及其管理者建立成就标志。

④“激励新产业规模”产业政策工具。地方融资平台主要对参与产业转型升级的产业和企业的生产经营规模进行政策激励，制定新产业的生产规模、市场规模、交易规模和产业集聚指标。这类产业政策的优势在于：一是能够快速形成产业转型升级的经济效益，给地方融资平台及其管理者带来政绩，甚至带来地方经济效益和财政效益；二是通过激励和扩大新产业产出规模的行业和企业，可以在产业转型升级中形成规模经济效应，另外，可能促进部分行业和企业自发投资新产业上下游产业，培育新产业企业进一步进行技术研发和新产业商业模式创新发展，通过规模激励产业政策和新产业规模促进新产业培育，节约地方融资平台产业转型升级补贴成本，也能迅速取得产业政策效果。

4.5.3　产业链创新服务

为了促进我国社会经济的可持续发展，区域战略性新兴产业的创新发展在我国“十四五”科技经济发展中具有重要的战略地位。而区域战略性新兴产业创新绿色生态水平的提高是重中之重。

为此，“某政策性金融平台”将运用生态理论、产业综合优势理论、创新管理理论、结构方程、系统分析、设计、评价和控制从地方融资平台、企业、产业发展几个方面构建科技创新绿色生态服务体系。

4.5.3.1　基于地方融资平台视角的服务体系

“某政策性金融平台”将丰富区域战略性新兴产业科技创新绿色生态地方融资平台管理理论和管理方法，协助地方融资平台实现科技创新的科学有效性，协助地方融资平台提高区域战略性新兴产业创新绿色生态地方融资平台科技管理效率和水平，促进区域战略性新兴产业创新绿色生态发展。协助地方融资平台在区域战略性新兴产业创新及其地方融资平台管理中推进创新生态化理念的应用，为进一步完善产业创新发展和管理理论方法提供参考，为地方融资平台部门建立完善的区域战略性新兴产业创新生态技术支持体系及制定相关规划、政策和优化管理方法提供方法支持和决策参考，对提高地方融资平台科学有效地支持区域战略性新兴产业创新生态化，加快区域战略性新兴产业创新水平和竞争优势具有重要的现实意义。

协助地方融资平台科技创新的“某政策性金融平台”服务主要包括以下几点。

（1）协助地方融资平台构建区域战略性新兴产业科技创新绿色生态支撑机制。

（2）协助地方融资平台建立区域战略性新兴产业科技创新绿色生态规划指导机制。

面对区域战略性新兴产业创新绿色生态的实际需要，设计科技计划项目指南生成机制、科技资金配置和项目审批机制、科技计划项目监控验收机制，建立科技计划有效性评价指标，为科技计划管理提供一套先进的机制和科学方法。

（3）协助地方融资平台建立区域战略性新兴产业科技创新绿色生态服务机制。

主要包括区域战略性新兴产业创新绿色生态科技服务需求识别机制、科技资源整合机制和科技服务匹配对接机制，为科技成果转化提供先进的服务机制。

（4）协助地方融资平台设计区域战略性新兴产业科技创新绿色生

态培育机制。

面对区域战略性新兴产业创新绿色生态产业化阶段发展需要，遵循“核心产品创新企业创新绿色生态网络”培育理念，建立区域战略性新兴产业核心产品筛选培育机制、创新企业识别孵化机制、创新绿色生态核心网络、配套网络和服务支持网络培育机制，为加快科技成果产业化提供地方融资平台科技支持方法和战略。

（5）协助地方融资平台设计区域战略性新兴产业科技创新绿色生态平衡机制。

基于创新水平、创新领域和创新环节的科技创新战略平衡需求和区域战略性新兴产业创新绿色生态发展动态管理需求，明确区域战略性新兴产业科技创新绿色生态地方融资平台平衡机制功能和建设原则，建立科技平衡机制钻石模型，设计创新绿色生态地方融资平台科技支持效果评价体系，并制定区域战略性新兴产业创新绿色生态地方融资平台科技平衡战略。

（6）协助地方融资平台作为行业参与者存在。

协助地方融资平台与行业内其他企业、高校、科研院所和中介机构的作用和功能有机匹配，根据行业生态发展的需要发挥应有的作用，建立创新活动有序衔接的创新网络，通过多个主体的相互合作和深度合作，创新资源的回收利用，各行业的相互支持，各主体的相互整合，整个系统的协调发展和循环。所有主体都是系统发展和运行的决策者，但每个决策者的行为都受到其他主体的影响。当各主体之间的信息透明，主体行为和决策能力达到较高水平时，通过相互合作和沟通，在不浪费更多时间和精力的情况下达成共识，正确判断区域战略性新兴产业的发展战略和方法。所有主体都有加强决策合作的能力，成员之间沟通顺畅，没有信息孤岛，产业主体可以掌握充分准确的信息，相互信任，完善各种制度。

4.5.3.2 服务体系以企业视角和产业发展视角为基础

在知识经济时代，创新已成为国家提高竞争力、企业寻求利润的关键和核心驱动力。为提高国家和产业竞争力，实现产业国际价值链升级，必须不断提高产业创新活动水平。企业创新生态化是指区域战略性新兴产业产品和技术开发活动、成果转化活动和产业化活动，实现资源整体高效利用，各环节有效协调，形成产品集团、项目集团、企业集团、团队集团，确保产业经济效益，实现低碳、绿色、无污染等社会环境效益。创新生态化是区域战略性新兴产业创新试图实现的资源利用高效、创新效率最高、综合优势最强的产业创新形式。强调区域战略性新兴产业创新可以通过产业内外部环境条件的综合利用来实现。

因此，“某政策性金融平台”基于核心企业视角的企业技术创新生态系统建设，主要包括升级条件、核心企业、技术研发和产品应用、创新环境和创新平台。

1）协助企业努力改进，使企业具备各种升级条件

（1）协助企业和产业升级的第一个条件是协助企业和产业技术创新达到一定规模，形成一系列创新成果支撑。

①通过技术创新，协助企业掌握产业发展的关键和核心技术，开发不同于一代、不同层次、不同环节的技术和产品，形成有效的技术匹配。

②依靠当前的技术积累和未来一代或两代的技术研究和储备，协助企业实现 RSEI 发展的生态化和可持续性。

③协助不同层次的企业作为支持，大型龙头企业和一般小企业需

要不同层次的技术研发创新来满足不同企业的发展需求，即 TRIZ 理论中的一级创新成果和五级创新成果。

④协助企业有效承担不同的创新成果，形成协同体系，促进战略性新产业的发展。

⑤协助企业从原材料到销售和服务的供应链实现技术创新，避免产生木桶效应影响整个产业价值链的发展，实现各方面的协调生态发展。

⑥围绕核心、必要的技术和专利，协助企业核心和关键技术建立产业发展的技术标准，最终形成技术规范和完善的产业。帮助企业在行业内形成良好的创新氛围，实现多个企业的联动创新和发展，实现行业的生态创新和发展。

（2）协助企业和产业升级的第二个条件是促进行业内外产业技术对接和转让活动的活跃。

①加强企业间的合作。技术成果形成后，联盟内部企业的科技成果转化通过成果共享、自身转化、技术许可和特许经营等方式实现。

②加强技术研发能力，不断发展产业发展活动。行业需要通过科技成果的外部对接回收研发成本，影响更多的业务领域，实现供应链上下游企业的技术升级。

③促进行业内部企业通过多种方式有效推广和应用科技成果。

④通过交叉许可、购买、委托研发等方式，促进工业企业掌握核心和关键技术，从外部引进外围专利和技术。

⑤随着成果交易和转让活动的频繁发展，各种产业科技成果的转让模式和交易制度不断完善，从零星制度到各种制度的完善，再到各种制度的有效实施，再到工业企业之间形成各种模式和规范的行为范式。在完善的制度保障下，科技成果转化实现标准化。

（3）协助企业和产业升级的第三个条件是促进产业科技成果的有效转化，不断优化新企业的孵化和成长。

①促进企业和产业自身科技创新活动，有效实现经济市场价值，为产业未来发展储备力量，促进产业升级和可持续发展。

在促进科技成果产业化的过程中，从被动产业化到主动产业化，再到双向匹配。

②在科技成果初期筛选工业化项目的基础上，积极探索工业化项目，组织各种资源开展工业化技术成果研究。

③根据工业化需要促进技术发展，根据技术发展调整工业化方向，实现技术发展与工业化的双向匹配，在对接过程中不断支持和推广，实现基于RSEI技术创新的生态发展。

④从少数依靠技术产业化形成企业或扩大新业务阶段，逐步转向越来越多的企业因技术产业化扩大业务或产生更多的新企业，促进产业技术创新活动，为产业引入新鲜血液，通过新企业或新业务保持产业快速可持续发展。

2）协助核心企业

协助所有供应商、制造商、科研机构、中介机构、金融服务、竞争对手、客户等以核心企业为辐射中心的创新主体围绕某些创新进行合作，形成松散互联、相互依赖的网络体系。

3）协助企业技术研发和产品应用

协助企业完成研发、成果转化、产业化三个环节。

（1）技术研发是创新活动的初始阶段，包括技术理念形成、技术方案设计与选择、技术方案规划与实施、技术开发、技术或产品测试、技术或产品修订与改进等具体环节，主要选择合适的技术研发方向，确定实现目标的具体行动计划，最终产生新产品或新成果。

(2) 技术转型包括技术和产品性能评价、价值评价、信息发布、技术对接、技术转移跟踪、技术应用等具体环节，主要明确技术或产品的性能，最终实现技术的有效转型。

(3) 技术产业化包括市场分析、生产方案制订（产能、产量确定等)、技术或产品配套条件的准备与匹配、生产实施、营销与价值回收等具体环节，主要实现技术和产品推广的经济价值回收。

(4) 创新活动的生态化是为了确保创新活动三个环节的有效联系，实现资源的有效利用，确保创新活动的可持续发展。协助企业完善科技评价体系，建立预警平台机制，建立金融服务平台，挑战跨国公司技术封锁，提高中国专利授权率，延长专利平均支付期，弥补技术劣势。

4) 协助企业获得创新环境

协助企业充分利用外部资源形成多学科共生协作创新体系，协助核心企业正确选择合作伙伴，确保创新生态系统的有效运行，综合考虑技术研发能力、技术标准能力、用户基础和市场地位、技术资源互补性、合作企业兼容性、声誉和信任、知识能力水平等因素。

5) 协助企业获得“某政策性金融平台”创新平台

“某政策性金融平台”将利用平台优势构建新型绿色产业、绿色技术转型、上市公司绿色加速器，促进产业绿色和金融绿色转型，实现产业与金融相结合的数字化转型升级。通过资本链接和模式创新、机制创新，开放产业链、创新链、金融链和政策链，探索产业、企业和金融创新的新路径、新方法和新模式。基本结构是“平台-基地-基金”。

该平台由在线信息平台和离线实体平台组成。以在线服务为主，以线下与线上服务紧密结合为原则，为国家园区和企业建立服务支持体系。包括利用大数据平台和资源为行业互联网创新提供数据支持服务以及提供政策、金融、技术、智力、市场、人才等综合支持。由 3 个服务云、6 个服务板块、8 类企业服务主体和 9 类创业主题服务组成。

3 个服务云：全国产业与金融创新平台官网、官网微博、产融政策云。

6 个服务板块：企业服务、创业服务、政策服务、会议路演、金融服务、人才培训。

8 类企业服务主体：政策服务、金融服务、科技创新、人才服务、管理、技术平台、园区服务、信用服务。

9 类创业主题服务：找空间，开公司，组队，做产品，找天使，做推广，找融资，找政策，找战略。

该平台的优势是国内外市场和资源有相关地方融资平台、院所、企业、投资、智库共同参与的“政产学研金用”平台，是跨部委、跨区域、跨行业、跨学科的产学研、政资介、商贸协作互动平台，是资源整合与合作平台。

整合配置、市场拓展、模式设计是指通过上游供应商（承包商），将世界 500 强、中央地方融资平台企业等核心企业的创新驱动和升级注入整个产业链，为产业链上的相关企业推出高质量的产业升级服务，以下游买家为投资目标，解决核心企业项目产业链升级、地方融资平台和产业结构整合配置、市场拓展等问题。

4.6 建立创新金融服务平台，促进战略性新兴产业发展

4.6.1 概述

2021 年是“十四五”规划的第一年，是新百年的第一年。应加快

优质发展，促进“结构调整、模式转移、水平提升”，促进绿色发展、创新发展，促进资源节约集约回收，培育绿色创新发展新动能，促进绿色产业和数字经济发展，促进创新驱动，有效地为经济实体提供政策赋能、金融赋能、“协同创新超级平台”赋能。

某政策性金融平台投资咨询专业委员会、创新投融资专业委员会决定建立创新金融服务平台，推进绿色产业创新示范园区，围绕国家发展改革委绿色产业指导目录筛选绿色创意样本，围绕国家战略性新兴产业数字经济、战略性新兴产业创意样本筛选物联网等数字产业技术样本。

实践习近平的绿水青山就是金山银山理念，使绿色成为生产力和新动能。以产业数字化为主线，围绕数字经济、智能、数字产业，进一步推进碳达峰和碳中和，通过绿色经济体系，服务于国家产业政策，开展前瞻性、领先、驱动、示范绿色智能战略性新兴产业全金融服务，包括但不限于“基金业务、地方大型项目供应链 ABS 金融解决方案、债券发行业务、融资租赁业务、保理业务、海外融资业务等金融业务”。

通过绿色投资主题基金、绿色债券指数证券投资基金、工业园区不动产投资信托基金（REITS）、战略性新兴产业基金债券、风险投资基金债券、优质企业债券、绿色债券、小微企业债券、供应链 ABS、金融租赁、保理、海外融资等创新金融服务，同时发起产业投资基金等工作，对地方经济转型升级和创新驱动力进行筛选，通过政策和资本两大驱动力形成项目库。

（1）绿色投资主题基金以国务院发展研究中心金融机构为基础 ESG 评价指标体系，以国家发展改革委《绿色债券发行指引》、国家绿色产业示范基地名单、绿色技术推广目录（2020 年）、《中国证监会关于支持绿色债券发展的指导意见》、《绿色信贷指引》及沪深证券交易所关于绿色公司债券试点的相关要求、中国证券投资基金业协会《绿色投资指引（试行）》、中国金融学会绿色金融专业委员会《绿色债券项目支持目录》、国际资本市场协会《绿色债券原则》（GBP）以及气候债券组织（CBI）《气候债券标准》等为绿色标准（以上文件统称“绿色标准”），由某政策性金融平台投资咨询专业委员会和创新投融资专业委员会主动筛选投资目标，为当地经济转型升级和创新驱动的产品服务。

（2）绿色债券指数证券投资基金是基于“绿色标准”、某政策性金融平台投资咨询专业委员会、创新投融资专业委员会和专业指数公司，收集所有绿色上市公司即时数据进行各种分类计算，根据绿色标准筛选投资目标，开发各种绿色债券指数、发布债券指数，并与基金公司公开和非公开募集证券投资基金或资产管理计划产品投资绿色债券指数，创新推动绿色产业升级的产品。

（3）工业园区不动产投资信托基金是根据国家发展改革委《公开募集基础设施证券投资基金指引》，中国证券监督管理委员会《公开募集证券投资基金销售机构监督管理办法》，某政策性金融平台投资咨询专业委员会、创新投融资专业委员会联合基金公司公开募集证券投资基金投资基础设施资产支持证券，促进工业园区再融资、再投资、再退出的良性循环产品。

（4）战略性新兴产业基金债券是地方融资平台支持的产业，可以引入基金债券，更好地解决当前银行信贷基金和直接债券融资品种不得用于基金投资和股权投资，以及地方融资平台和企业债务的问题。设立模式为：经国家发展改革委批准，地方融资平台与优质企业共同发起产业投资母基金，优质企业公开发行债券，投资于产业投资基金，存续期与产业投资基金存续期相匹配。同时，工业投资基金将筹集的资金投资于特定行业。此时，普通合伙人是资产管理有限公司，有限合伙人是发行债券的地方平台企业和其他出资认缴基金份额的公司。

（5）风险投资债券是国家发展改革委批准发行的企业债券的创新产品。募集资金主要用于发起设立风险投资基金和工业投资基金，投资认购基金份额或股权，或扩大基金资本规模。

（6）绿色债券是指募集资金专门用于支持绿色产业、绿色项目或绿色经济活动，按照法定程序发行并按照约定偿还本息的证券，包括但不限于绿色金融债券、绿色企业债券、绿色公司债券、绿色债务融资工具和绿色资产支持证券。绿色债券由国家发展改革委审核，规模相对较大。

（7）绿色风险投资债券是绿色债券和风险投资债券“合二为一”的创新产品。它不仅可以丰富中国绿色债券的发行主体，还可以拓宽中小微企业“融资难、融资贵”的融资渠道，促进“大带小、强扶弱”绿色产业的健康发展。这是实践绿色发展理念、加快金融和资本创新体系建设的具体实践，也有助于促进城市经济绿色转型和产业结构调整，解决地方投资和就业问题。

（8）中小企业集合债券是绿色债券和风险投资债券的有效补充。发行人可以以委托贷款的形式向合格的中小企业提供发行债券募集资金，促进中小企业的发展和成长。

（9）供应链 ABS 金融服务是将优质企业总承包商的核心企业信用注入整个产业链，在风险控制不增加相关企业数量的前提下，通过上游供应商（承包商）作为借款人，解决核心企业项目投资应对需求，帮助核心绿色企业减轻负债，去杠杆化。

（10）金融租赁金融服务主要针对节能环保行业和大型智能制造技术领域（机器人、5G、智能物流、智能仓储）民营企业、燃气企业、热力企业、加油站、发电公司、医院、私立中小学、私立本科、教育技术公司、职业技能培训机构等具有特许经销权的行业。

（11）保理金融服务是中国投资协会推荐的客户和核心企业使用应收账款进行保理，核心企业无条件配合确认权利。

（12）其他创新金融服务包括但不限于股东股票质押、大型资本周转基金、工业房地产融资、减持、近期融资、债券差额认购、股权协议转让、股票周转、募集资金流动、海外债券等。

某政策性金融平台将协助企业发行绿色投资主题基金、绿色债券指数证券投资基金、工业园区不动产投资信托基金，从前期咨询、材料准备、正式申报到批准、发行成功、资金到位。REITS、战略性新兴产业基金债券、优质企业债券、绿色债券、小微企业债券、供应链ABS、融资租赁、保理、海外融资，帮助企业解决融资难题，帮助企业发展壮大，促进中国经济高质量发展。

4.6.2 基本目标

通过对中国人民银行、国家发展改革委等金融政策文件的深入解读，推广现代金融和绿色金融理念，促进金融支持实体产业，帮助企业解决融资问题，促进中国经济转型升级。

4.6.3 服务范围

符合《绿色产业指导目录（2019 年版）》《绿色债券支持项目目录（2020 年版）》，国家鼓励支持的国家战略性新兴产业企业实体均可申请咨询，主要包括但不限于以下行业。

1　节能环保产业

(1) 能效提升。

(2) 绿色建筑材料。

(3) 污染防治。

(4) 节约水资源，利用非常规水资源。

(5) 资源综合利用。

(6) 绿色交通。

2　清洁生产产业

(1) 污染防治。

(2) 绿色农业。

(3) 综合利用资源。

(4) 节约水资源，利用非常规水资源。

3　清洁能源产业

(1) 能效提升。

(2) 清洁能源。

4　生态环境产业

(1) 绿色农业。

(2) 生态保护与建设。

5　基础设施绿色升级

(1) 能效提升。

(2) 可持续建筑。

(3) 污染防治。

(4) 节约水资源，利用非常规水资源。

（5）绿色交通。

6 绿色服务

（1）咨询服务。

（2）运营管理服务。

（3）项目评估审计验收服务。

（4）监测检测服务。

（5）技术产品认证和推广。

7 建立产业母基金支持国家战略性新兴产业

（1）高端装备制造业。

（2）芯片产业。

（3）高端光电显示行业。

（4）新兴信息产业。

（5）生物产业。

（6）新能源产业。

（7）新能源汽车产业。

（8）新材料产业。

（9）大健康产业。

（10）新冠肺炎疫情下的抗疫物资。

（11）疫苗研发生产。

4.6.4 基金和债券的优势

（1）申请审批方便：优先审批、“绿色通道”，实行注册制。

（2）资金使用灵活：优化发行主体债务结构的绿色企业债券募集资金比例可上升至50%。

（3）风险投资债券和基金债券募集资金可用于发起设立风险投资基金和产业投资基金，投资认购基金份额或股权，或扩大基金资本规模。

（4）小微企业债券募集资金允许以委托贷款的形式投入合格的中小微企业，促进中小微企业发展壮大。

（5）发行方式灵活：可公开发行或非公开发行。

（6）发行期较长：可续期债券或超长期债券也可以在年期内发行。

（7）灵活的还款方式：本息还款方式和回售选择可以灵活设置，发行人只为项目收入与债券本息的差额提供担保。

（8）发行成本优势：绿色债券、风险投资债券、小微企业债券、基金债券成本均低于普通债券成本。

（9）地方融资平台通过设立地方融资平台产业投资基金进行投资的优势。

①对于融资主体来说，相当于搭建了一个可以吸收外部资金的表外融资平台，有效吸收社会资本，投资当地经济。

②募集资金投资基金，通过基金运营投资项目，限制小，资金使用灵活。

③地方融资平台产业投资基金归国家发展改革委主管，不受新资产管理规定的限制，可以突破杠杆率，避免多层嵌套限制。

4.6.5　发行条件

（1）近三年企业平均净利润足以支付企业发行债券一年利息。

（2）企业应具有合理的资产负债结构和正常的现金流。

（3）募集资金投资符合国家产业政策的有关规定。

（4）发行债券或者其他债务无违约行为。

（5）近三年无重大违法行为。

4.6.6 部分合作伙伴

（1）证券公司。

中信证券、首创证券、联讯证券、华融证券、天风证券、国金证券、招商证券、华西证券、中金公司、国信证券、国泰君安、广发证券、海通证券、申万宏源、华泰证券、银河证券。

（2）保险/信托。

中再集团、中国平安、友邦保险、阳光保险、华泰保险、中国人民保险、太平洋保险、平安信托、中信信托、重庆信托、华能信托、建信信托、华润信托、中融信托、中航信托、五矿信托等100家。

（3）基金：科技创新基金管理中心。

宽带资本、亚信集团、达晨资本、软银中国、华郡资本、泛海控股、清华控股、中科创投、中科招商、国科嘉和、中经创投、和君资本、洪泰基金、京道基金、清华控股、崇德资本、安芙兰基金、趋势资本、创势资本、源起基金、新大陆集团下属的资本、四海基业控股、云和资本等300家。

（4）银行。

国家开发银行、中国农业发展银行、建设银行、邮政储蓄银行、工商银行、农业银行、交通银行、光大银行、兴业银行、浦发银行、中信银行、招商银行、北京银行、上海银行、厦门国际银行、苏州银行、杭州银行。

（5）中央企业和上市公司。

中国船舶、中国兵器、中国节能、中车集团、中粮集团、中国航天科技、中国电子科技、中国航天工业、广田集团、海尔集团、海信集团、长虹电器、泰豪科技、山东赫达、海峡创新、数知科技。

4.7　产业金融支持的重要意义

促进经济发展，实现产业转型升级，是地方融资平台金融支持产业发展的重要手段。在当前的经济形势下，地方融资平台应该建立更有效的财政支持战略，为产业发展提供更有力的支持。首先，地方融资平台要加强对产业的研究和认识，制定符合产业特点和需要的财政支持政策。地方融资平台应了解产业的发展趋势和瓶颈，了解企业的融资需求和困难，制定符合产业发展需要的财政支持政策，支持企业的融资和发展。其次，地方融资平台要加强对金融机构的引导和监管，促进金融机构更好地为实体经济服务。地方融资平台应引导金融机构加强对行业的融资支持和信贷服务，鼓励金融机构创新金融产品和服务模式，提高金融服务的效率和质量。同时，地方融资平台要加强对金融机构的监管，确保金融服务的安全稳定。再次，地方融资平台要加强对小微企业的财政支持，促进小微企业的发展。小微企业是经济发展的重要力量，但由于融资困难、融资昂贵等问题，小微企业的发展受到了极大的制约。地方融资平台应加强对中小企业的财政支持，鼓励金融机构增加对中小企业的信贷支持，推出特殊的金融产品和服务，提高中小企业的融资便利性，降低融资成本。最后，地方融资平台应加强对创新型企业的财政支持，促进创新型企业的发展。创新是产业转型升级的重要驱动力。地方融资平台应加强对创新企业的财政支持，鼓励金融机构增加对创新型企业的融资支持，推出特殊的金融产品和服务，提高创新型企业的融资便利性，并降低成本。总之，地方融资平台金融支持产业发展是促进经济发展、实现产业转型升级的重要手段。

地方融资平台应制定更有效的金融支持战略，加强对行业的研究和理解，加强对金融机构的指导和监督，加强对中小企业和创新企业的财政支持，为产业发展提供更有力的支持。

第5章 CHAPTER 05 地方融资平台金融支持产业发展的案例与实践

5.1 中小企业金融服务体系建设实践

随着全球环境意识的提升和可持续发展理念的深入人心，绿色产业成为引领经济发展的重要方向。中小企业作为经济的重要组成部分，也应积极参与到绿色产业的发展中来。为了支持中小企业的发展和推动绿色产业的建设，金融服务在其中起到了重要的作用。本章将探讨中小企业金融服务绿色产业体系建设的实践。

5.1.1 绿色产业的概念与意义

绿色产业，简而言之，就是以保护环境为目标，以低碳、无污染的方式开展经济活动的产业。绿色产业旨在实现经济发展与环境保护的良性循环，促进可持续发展。绿色产业的发展不仅能够改善环境质量，保护自然资源，还能够提供就业机会，推动经济增长，带动相关产业链的升级与创新。

5.1.2　中小企业金融服务在绿色产业建设中的重要性

中小企业是促进经济发展和社会就业的重要力量，也是绿色产业发展的重要组成部分。但由于中小企业在规模、资金、技术等方面存在一定劣势，往往面临融资困难、融资成本高的问题，限制了中小企业参与绿色产业建设的能力。

金融服务机构在中小企业的财政支持中发挥着重要作用。通过提供贷款、融资、保险等金融服务，可以帮助中小企业解决资金短缺问题，降低融资成本，提高发展的可持续性。同时，金融服务机构还可以根据中小企业的经营特点和需求，提供特殊的金融产品和服务，帮助企业进行技术转型、能源节约和环保投资。

5.1.3　中小企业金融服务绿色产业体系建设的实践路径

1）政策支持与引导

地方融资平台出台相关政策，制定绿色产业发展规划，鼓励和支持中小企业参与绿色产业建设。地方融资平台可以通过加大财政补贴、优惠税收、给予绿色产业相关企业贷款优惠利率等方式，引导中小企业主动参与绿色产业的发展。同时，地方融资平台还可以完善绿色产业的市场机制，鼓励绿色技术创新和转化，推动绿色产业链条的形成和完善。

2）金融产品创新与服务扩展

金融机构应根据中小企业的特点和需求，创新金融产品和服务。可以推出绿色贷款、绿色信贷、节能环保保险等金融产品，降低中小企业的融资成本，增加其融资渠道。此外，金融机构还可以开展绿色产业投资、绿色创业投资等业务，帮助中小企业解决资金问题，推动其发展和壮大。

3）资金支持与风险管理

金融机构可以加大对中小企业的信贷支持力度，提供更多的资金支持。同时，要加强风险管理，减少贷款风险，防范和化解金融风险。可以通过建立绿色产业评估机制，对中小企业的环境管理、节能减排等情况进行评估，减少不良贷款风险。

4）信息服务与合作平台建设

金融机构可以与其他相关机构合作建立绿色产业信息服务平台，提供行业动态、政策解读、技术分享等服务，帮助中小企业获取最新的市场信息和技术支持。同时，可以促进金融机构之间的合作，共同推动中小企业的绿色产业发展，形成特色鲜明的绿色产业集群。

5.1.4　中小企业金融服务绿色产业体系建设实践的案例

5.1.4.1　某银行推出绿色信贷产品

该银行根据中小企业的实际情况和融资需求，推出了绿色信贷产品。该产品的利率相对较低，而且还可以享受一定的贷款额度优惠。这样一来，中小企业在进行绿色产业投资时可更加方便地获得贷款支持，降低融资成本。

5.1.4.2　某风险投资基金注资绿色科技企业

一家风险投资基金注资了一家专门从事绿色科技研发的企业。这家企业在研发了一项具有自主知识产权的环保技术后，得到了该基金的重点扶持和投资。这笔资金的注入，为该企业的研发和市场推广提供了有力的支持，促使其在绿色产业中取得了一定的市场份额。

5.2 多层次资本市场建设对地方融资平台企业改革的支持作用

地方融资平台企业改革是中国经济改革的重要组成部分，而多层次资本市场的建设在地方融资平台企业改革中扮演着至关重要的角色。多层次资本市场提供了丰富的融资渠道和多样化的投资工具，为地方融资平台企业转型升级提供了重要支持，促进了其改革发展和市场化进程。随着经济全球化和市场化发展的进程，中国地方融资平台企业面临着转型升级的重大挑战。传统的地方融资平台企业改革主要通过内部改革和重组来实现，但这种方式往往受限于财政预算和资源配置等因素，难以推动企业实现长期可持续发展。多层次资本市场的建设为地方融资平台企业改革提供了新的契机和平台，开创了全新的改革思路和路径。

5.2.1 多层次资本市场的特点

多层次资本市场是指由不同层次、不同规模的资本市场组成的综合性市场。在中国，多层次资本市场主要包括主板市场、创业板市场和中小板市场等。这些市场各具特点，能够满足不同类型企业的融资需求，为地方融资平台企业提供了广阔的融资空间和创新机会。此外，多层次资本市场还具有信息透明度高、流动性强以及投资者保护等特点，有利于提高地方融资平台企业的市场竞争力和融资效率。

5.2.2 多层次资本市场对地方融资平台企业改革的支持作用

5.2.2.1 提供多样化的融资渠道

多层次资本市场为地方融资平台企业提供了丰富的融资渠道，包括股权融资、债券融资、并购重组等多种方式。通过向市场公开融资，地方融资平台企业可以吸引更多的投资者参与，获取更多的资金支持。与传统的银行贷款相比，多层次资本市场的融资更具灵活性和可持续性，有助于地方融资平台企业实现长期发展。

5.2.2.2　增强地方平台企业的市场竞争力

多层次资本市场要求企业进行信息披露和财务透明度，这有助于提高地方融资平台企业的管理水平和规范化程度。与此同时，地方融资平台企业通过上市或发行债券等方式吸引更多的投资者，将面临更加激烈的市场竞争。这对于地方融资平台企业来说是一种机遇和挑战，通过与市场竞争者的竞争，地方融资平台企业可以不断提升自身竞争力，实现自身的转型升级。

5.2.2.3　促进地方融资平台企业的资源整合和重组

多层次资本市场提供了并购重组的平台，地方融资平台企业可以通过并购重组来实现资源整合、优化配置，提高企业的综合效益。与此同时，通过多层次资本市场的优胜劣汰机制，旧的生产力可以得到更新，提高地方融资平台企业的竞争力和效益。

5.2.2.4　为地方融资平台企业提供风险管理工具

多层次资本市场提供了多种投资工具，如股票、债券、期权等，可以为地方融资平台企业提供多样化的投资选择，同时也为企业提供了风险管理的工具。通过投资工具的多样化配置，地方融资平台企业可以规避风险、优化资产配置，提高企业的经营稳定性和抗风险能力。

5.2.3　多层次资本市场建设的问题与对策

尽管多层次资本市场建设对地方融资平台企业改革的支持作用不

可忽视，但目前仍存在一些问题和挑战。首先，多层次资本市场发展不平衡，市场机制有待完善，需要进一步加大对中小企业和新兴行业的支持力度。其次，市场监管和法律体系还不够健全，需要加强监管力度和强化法律保护，确保市场秩序的健康稳定。最后，多层次资本市场建设还需要加大宣传力度，提高投资者的风险意识和市场监管的观念。

5.3 某大型电商企业等民营企业金融服务创新案例

随着中国经济发展的不断加速，特别是在改革开放以来的几十年中，民营企业已成为国民经济增长的重要力量。然而，作为创新和发展的重要基础的金融服务，一直是民营企业面临的最大瓶颈之一。某大型电商企业的出现，彻底改变了这一局面。在某大型电商企业等民营企业的推动下，中国金融服务行业出现一些非常重要的创新走向，某大型电商企业等民营企业驱动的金融服务创新案例提供了启示。

5.3.1 某大型电商企业打造全球最大的网络零售平台

某大型电商企业是全球最大的网络零售平台，也是中国现有最为成功的民营企业之一。某大型电商企业创建于 1999 年，当时被誉为中国版的亚马逊。如今，某大型电商企业却在不断颠覆传统商业模式，逐渐成长为包括全球最大规模的网络零售平台在内的一系列生态系统。

某大型电商企业所创造的商业模式已成为中国“供给侧结构性改革”的代表作。其 O2O 模式，通过线上和线下的深度融合，在商业流程的不同环节中实现了巨大的效率提高；某大型电商企业在金融领域的布局，则使得金融服务普及化、平民化成为可能。

某大型电商企业与蚂蚁金服的深度融合，更是打造出一套封闭、精细分工、无缝协作的商业服务生态系统。

5.3.2　蚂蚁金服：大型金融平台

随着某大型电商企业股权结构的调整，2011 年成立的支付宝被分离，而蚂蚁金服则涵盖了某大型电商企业集团的退休储蓄等业务。如今，蚂蚁金服已发展成为中国最大的移动支付平台、互联网理财品牌和非银行金融服务提供商之一。

在蚂蚁金服推出的“芝麻信用”业务中，单是通过支付宝实名认证的用户就已经超过 9 亿。蚂蚁金服的交易量和账户额度也远高于所有国外信用卡公司的总和。近年来，蚂蚁金服还与全国各地的地方融资平台机构合作，共同推进电子化政务服务，打造出了一个无缝衔接各方的政务金融服务生态圈。

5.3.3　个人征信系统

由于中国人民银行并没有直接参与个人征信体系建设，因此在我国民营企业中，个人征信服务一直处于市场空缺状态。在这种情况下，某大型电商企业也不甘示弱，成立了征信公司——芝麻信用，打造了全新的个人征信系统，大幅提升了金融风控和消费者信用水平。

芝麻信用是中国第一家以互联网数据为基础的征信服务机构，致力于通过互联网技术创新，改变传统征信机构运营模式，为社会提供开放、安全、高效、共享的信用服务。

该公司通过大量用户使用支付宝的征信数据，结合各方出借、输出接口等信用数据，打造了史上最庞大的征信体系。它可以对每个人进行多角度身份验证，并使用的芝麻信用分为每个人量身打造信用记录。

5.3.4 小微企业贷款服务

小微企业融资难一直是制约中国经济发展的一个重要因素。传统金融机构的融资门槛较高，对于小微企业来说实现融资始终是噩梦。然而，随着互联网金融技术和企业的不断革新，行业格局正在发生变化。

某大型电商企业的小微企业贷款平台“蚂蚁金融云”，便是最好的例子之一。该平台致力于用技术和服务创新，降低融资门槛，同时提高贷款效率。

蚂蚁金融云运用大数据、人工智能与普惠金融模式相结合，充分发挥某大型电商企业集团购物、物流、贸易等平台数据优势，将以往消费者、商家的交易数据加以整合，建立商业关系链条，为消费者推荐适合的贷款产品，银行的信贷经理协助客户查阅短信、发起邮件申请，不仅满足了小微企业融资难的需求，也使得融资变得更为容易和便捷。

5.4 某省地方融资平台金融支持产业发展工作实践分析

在当今全球化的时代，市场竞争的压力空前加大，因此各个国家的地方融资平台都在积极地进行产业升级与转型。金融是国民经济的核心领域之一，它对于产业高质量发展起着举足轻重的作用。在过去的几年中，某省地方融资平台重视金融领域对于各行各业的支持，并提出了“金融扶持实体经济，促进产业升级”的口号，开始推行一系列有针对性的金融扶持政策，也加速了某省实体经济的发展。本节着重就某省地方融资平台在金融支持产业发展工作实践和经验进行分析。

5.4.1　某省地方融资平台金融支持产业发展的意义

支持实体经济的发展是当前中国社会发展的主题之一。实体经济是指那些基于物质技术与不断利用物质资源改善生活的一切经济活动。在以往的发展过程中，某省的实体经济一直处于发展的中间状态，而且某省的金融行业也面临诸多挑战，比如，存在发展缓慢、企业信用差、财务不规范等问题。基于以上原因，某省地方融资平台开始致力于推动实体经济的发展，并且从金融领域为其提供了大力扶持与支持，实际上就是想要通过金融方面的支持，对实体经济产生积极的影响，促进其不断升级和创新。

5.4.2　某省地方融资平台金融支持产业发展的措施

5.4.2.1　加强各区银行金融机构的合作与支持

近年来，某省地方融资平台对各个地区金融机构间的合作极度重视，特别是在支撑贷款方面，坚持“货币背书，地方融资平台担保”的原则，支持各级银行金融机构加强协作，缩小市场间距离。并根据当地经济情况，进行分类处理和综合评估，以使金融机构有较好的运作空间。

5.4.2.2　优化金融环境，在政策层面制定更加完善的法规

面对化解金融行业的问题、降低企业贷款、获得信贷利率等诸多纷争和制约实体经济发展的因素，某省地方融资平台针对性地制定了一系列过渡期政策措施，加快改革步伐。在取得长足进展的同时，逐步完善银行、保险、证券等财富管理体系的监管和风险评估体系，构建生态化的要素市场体系。以更加优质的资产服务推动实体经济的转

型升级成为其工作重点。

5.4.2.3 建立高层次人才专项引进计划

在当前推动实体经济发展的大背景下，需要更多的高素质人才投入产业发展中，加速企业升级和创新。因此，某省地方融资平台在金融领域为实体经济提供支持时，专门制定和运行了一系列人才政策，比如，组建专业的人才招聘机构；提供丰厚的薪酬和优厚的福利待遇，吸引高水平、高层次人才共聚某省地方融资平台，促进人才的流动性，以达到更加高效地开展金融业务的目的。

5.4.3 某省地方融资平台金融支持产业发展的成效

随着某省地方融资平台对这些金融政策的实践的不断推进，值得注意的是，我们所关注的重点并非施政的形式，而是它所产生的实际效果。就目前来讲，在某省地方融资平台金融支持产业发展的过程中，主要体现在以下几个方面。

5.4.3.1 产业结构不断优化

通过金融领域对于实体经济的大力支撑和扶持，不仅提供了充足的资金保障，同时还大大增强了企业自主创新的能力，使得某省产业结构日益优化，具备更强的竞争力，有利于某地方融资平台企业在市场趋势变化中保持稳固的地位。

5.4.3.2 实体经济发展不断加快

依托各类金融机构的支持，某省实体经济管理水平大大提高，同时还借助于金融手段为企业注入资金，从而加速故障维修和技术更新等，提高了产品质量，进一步促进了实体经济的快速发展，为企业带来更多的机会和发展空间。

5.4.3.3　投资环境不断优化

不管是为民营企业充分利用外部投资环境带来的优势，还是通过制定各种政策，优化投资环境，某省地方融资平台金融支持产业发展的实践成效在不断体现。近年来，越来越多的投资者开始关注某省的市场，这也使其成为国内外企业放眼全球市场的首选之一。

5.5　实践案例：青岛市地方融资平台支持产业开发

青岛市是山东省下属的一个大市，拥有优美的自然风光和丰富的资源，其中产业经济发展逐渐成为青岛市地方融资平台关注的重点。为了推动产业开发和提高经济实力，青岛市地方融资平台已经采取了多项措施和政策支持，以将青岛建设成为具有国际影响力的现代化新型城市，本节主要介绍青岛市地方融资平台支持产业开发情况，详细阐述其特点和价值。

5.5.1　政策引导

青岛市地方融资平台通过制定一系列产业扶持政策来引导企业发展，例如，财政资金扶持、税收减免保障等方面的政策和税收优惠、贴息、补贴等多种方式，对于刺激市场活性、推进技术升级、促进企业发展都起到了积极的作用。此外，青岛市地方融资平台还加强政企沟通，鼓励企业提出诉求和问题以进行完善和改进，形成政策联动，构建健全支持产业发展的体系。

5.5.2　平台建设

青岛市地方融资平台还加大了市场化运作的推进，成立了青岛市投资促进局、青岛市营商环境局等地方融资平台部门，用以完善服务平台，并针对不同的行业特性，分别策划和设置了各类产业发展园区，如海洋科技城、滨海商务区、软件园等，形成了“一区一策”的产业扶持政策。

5.5.3 金融支持

在金融领域，青岛市地方融资平台积极扶持鼓励本地银行设立小微企业贷款专项计划，定期推出小微企业贷款产品和流程优化措施，帮助企业解决资金难问题。青岛市还支持债券融资、股权融资、创业投资、综合金融服务等多种金融工具多样化扩展融资渠道，加强与银行、券商、保险公司等外部金融机构的合作，推动金融服务更好地支持产业发展。

5.5.4 人才引进

青岛市积极引进高素质人才，制定了“人才新政”吸引、培养、留用各方面政策，包括人才奖励、人才留用、人才服务等多项举措，以此吸引优秀人才落地发展。此外，地方融资平台还与学校和研究机构合作，加强产学研合作，推进技术创新和成果转化。

以上几方面都是青岛市地方融资平台支持产业开发的重要手段，其对产业发展做出了巨大的贡献。青岛市将继续秉持“促进产业发展、提高经济实力”的方针，加强经济转型升级、提高企业创新能力和竞争力，建设绿色发展示范城市。

5.6　青岛市地方融资平台概述

5.6.1　融资背景

李沧区作为城市更新与城市建设三年攻坚战的“主战场”，未来计划推进总投资 2466.40 亿元的 241 个项目，项目建设内容涵盖了旧村改造、市政工程、地铁建设等。

为确保项目顺利推进、高质量保证完成各项任务，为青岛建设现代化国际大都市贡献“李沧区力量”，其中重要的一环就是确保落实好项目资金的筹措到位。

地方融资平台及相关机关单位不能作为法人单位直接向市场进行融资，通常做法是将项目建设任务通过辖区地方融资平台公司进行分解，即由平台公司作为项目的实施单位，负责项目的立项、融资、建设，地方融资平台负责项目的回购或平台公司建设后自持经营，对自持经营的，地方融资平台给予平台公司补贴资金、资产注入/划拨或其他形式的支持，确保平台公司不断做大做强资产规模、业务收入。

针对平台公司，融资方式主流模式有以下几种。

5.6.1.1　地方融资平台专项债

由平台公司对拟建设的经营性项目进行梳理、打包申报，由地方财政厅统一发行地方融资平台专项债，发行完毕后由省财政厅负责调配到各地市。该种资金发行规模大、利率低、期限长，但资金使用限制严格，资金必须投入到申报的对应项目上，财政部驻各省监管局定期核查专项债资金使用的合规性。

5.6.1.2 间接融资——银行贷款

针对经营性项目，可申请银行项目贷款，通过一家或几家银行组成银团，通过银行授信方式获取项目贷款或流动贷款。银行项目贷款是重要的项目融资渠道，可解决大部分项目资金。目前银行项目贷款期限长、利率相对不高，是重要的资金来源之一。

5.6.1.3 直接融资——信用融资

我国信用融资分三大类：证监会和交易所管辖的公司债、国家发展改革委管辖的企业债、银行间交易商协会管辖的非金融企业债务融资工具。

信用融资是平台公司融资的重要工具之一，优质的平台公司，其直接融资占其负债总额的比例超过50%，其资金使用灵活、期限较长、利率较低，且不受授信额度限制，可以滚动融资。

5.6.1.4 PPP 融资

PPP 融资即社会资本方同平台公司合作，设立项目公司，由社会资本方负责资金筹措及项目的建设运营。

5.6.2 针对李沧区地方融资平台公司融资建议

目前李沧区下辖平台公司有：青岛融海国有资本投资运营有限公司、青岛世园集团、青岛金水集团、青岛国际院士港集团、青岛海创开发建设投资有限公司，平台公司众多且资产优质，背景优良，主体评级较高，具有很好的资本市场认可度。

针对李沧区未来拟建设项目，进行分类梳理，拆解打包，由各平台公司根据自身的资源禀赋分类承接，通过各平台公司自身融资能力，为项目建设进行资金筹措，同时负责项目的建设，区地方融资平台根据情况，对各平台公司给予相应的资金、资产、政策等方面的补贴支持。

各平台公司承接项目后，一是可通过项目获取专项地方融资平台债、银行贷款、直接融资，二是可通过项目建设——地方融资平台回购/运营，使平台公司获得稳定的收入和利润，提升平台公司的盈利能力。

5.7　针对青岛市地方平台融资的需求分析

金水集团成立于 2010 年，历经十多年的发展，成为李沧区地方平台企业的“压舱石”。金水集团以严谨的态度、稳健的作风、科学的管理、扎实的工作，赢得了资本市场的充分认可。

金水集团已成为拥有城市建设及运营、金融控股、资产管理、内外贸易、文化旅游五大核心板块的综合性地方融资平台企业。截至 2022 年 12 月底，集团总资产 439.87 亿元，负债总额 308.01 亿元，资产负债率 70.02%。全年实现营收 64.63 亿元，利润总额 0.34 亿元。2023 年，金水集团拟新增 110 亿元资产，将在金水控股主体信用评级 AA+基础之上，争创金水集团主体信用评级 AA+及融源文旅集团主体信用评级 AA。搭建以银行、债券为主，非标及其他融资渠道补充的融资结构，满足公司日常经营及业务发展需要。

5.7.1　建设项目情况介绍及资金需求

1. 青岛市新旧动能转换示范区——瑞金路两侧项目

项目基本情况如下。

青岛市新旧动能转换示范区，即瑞金路两侧项目，是青岛市北部区域唯一的千亩产业基地，占地总面积 3 081 亩（瑞金路以南约 1 778

亩为产业用地；瑞金路以北约 1 303 亩主要为住宅及商业、学校等配套服务设施），计划总投资 290 亿元，产业园区未来主要面向资本密集、技术密集、人才密集的企业招商引资。项目目前正在实施征迁。项目资金需求：城市更新贷款，用于片区拆迁及二级建设。目前瑞金路南片区已分为 4 期办理城市更新贷款，其中 1 期已经部分放款，另外 3 期正在审批中；北片区暂未启动。

2. 源头路项目

项目基本情况如下。

项目位于李沧区源头路以北、枣园路以东，规划建筑总面积约 9.08 万平方米，其中地上建筑面积约为 5.9 万平方米，计划总投资 11 亿元，南侧布置 3 栋 50 米高办公塔楼，北侧为 1-3F 的精品商业，是缩小版的“信联天地”。项目资金需求：拍地款及后续二级开发建设资金。

3. 沧花碱项目

项目基本情况如下。

项目位于永年路东西两侧，规划占地总面积 87.5 亩，规划建筑总面积 18.35 万平方米，其中地上建筑面积约为 13.54 万平方米，地下建筑总面积为 4.81 万平方米，计划总投资 23 亿元。项目建设以住宅为主，含 1.8 万平方米的租赁型人才公寓及其他配套服务设施等。项目资金需求：拍地款及后续二级开发建设资金。

4. 九水街道刘家下河片区改造项目

项目基本情况如下。

项目位于李沧区东部区域，九水路以南、衡水路以北、李村河以西、合川路以东，规划总占地面积约 404 亩，规划建筑总面积约 60.12

万平方米，其中地上建筑面积约 44.72 万平方米，地下建筑面积约 15.4 万平方米，项目建设以住宅为主，打造李沧区东部高端居住集聚区，计划总投资 92.16 亿元。项目资金需求：城市更新贷款，片区拆迁及二级开发建设资金。

5. 天茶山路南侧地块广场项目（区地方融资平台南侧广场改造项目）

项目基本情况如下。

项目位于李沧区南部区域，黑龙江路以东，天茶山路以南，青山路以北，金液泉路以西，总占地面积约 61.2 亩。西侧地块拟为住宅用地，占地面积 17.85 亩，规划建筑总面积约 2.07 万平方米，其中地上建筑面积约 1.43 万平方米，地下建筑面积约 0.64 万平方米。东侧地块拟为公园绿地，占地面积约 43.35 亩。地上拟建设绿地广场、市政道路，地下拟建设停车场等。计划总投资 6 亿元。项目资金需求：项目开发建设资金。

5.7.2　金融投资板块业务方向及需求

目前金水投资公司拥有私募股权基金、私募证券基金、资产管理、融资租赁、商业保理等类金融牌照。重点业务方向包含产业投资、融资租赁和资产管理等。金水控股目前发行并管理 6 只私募股权基金，规模 1.88 亿元。其中首只基金已实现市场化退出，退出年化收益率 45%。未来，金水控股重点围绕行业龙头企业，持续布局航空领域、生物医药两大产业链。

目前金水投资公司在股权投资、融资租赁等资管业务方面均储备了大量优质项目，根据业务开展资金需求如表 5-1 所示。

表 5-1　资金分业务预算

业务类型	上市公司并购	融资租赁	航空产业基金及资管业务	合作设立母基金
资金预算	21 亿元	2~3 亿元	2~3 亿元	2 亿元

1. 资产管理

金水集团目前拥有近百万平方米的资产管理规模，形成信联天地综合体、数字经济产业园、国际特别创新区为主要支撑的园区体系。酒店、商业、loft 公寓等配套业态同步展开。物业管理项目涵盖商业综合体、产业园区、住宅等类型。

2. 目前情况

已办证可抵押资产的情况如下。

（1）信联已办证可抵押房源。包括 9-2-2 地块 3 号楼办公楼（40 证）面积82 267.50 平方米、5 号楼 1-2 层底商（7 证）面积 3 097.71 平方米、5 号楼玖龙纸业4~18层办公楼（15 证）面积 31 503.03 平方米、融源东兴片区住宅（7 证）面积 452.41 平方米、蓝寓南区 3 号办公楼（32 证）面积 1 951.3 平方米。

（2）未办证可办证抵押资产：桃园路 29 号广润熙悦底商（19 套）面积 2 135.66 平方米、蓝寓北区 1 号办公楼 80 套面积 3 688.32 平方米、蓝寓南区 1 号楼底商 4 套面积 574.82 平方米。

（3）信联地下未来可办证地下空间资产。包括 9-2-2 地块非人防地下车库面积共 140 314.85 平方米，其中 B1 层面积 13 172.75 平方米、B2 层及 B2 夹层面积4 2517.22 平方米、B3 层面积 33 414.72 平方米、B4 层面积 33 311.43 平方米、B5 层面积 17 898.73 平方米；10-2-2 地块非人防地下车库面积共4 5212.44平方米，其中 B2 层及 B2 夹层面积 1 786.11 平方米、B3 层面积 17 923.9 平方米、B4 层面积 17 749.40平方米、B5 层面积 7 753.03 平方米（9-2-2 地下人防面积 15 702.15 平方米和 10-2-2 地下人防面积 9 996.37 平方米未考虑办证)；信联9-2-2地下商业面积 15 572.32 平方米；信联 10-2-2 地下商业面积 11 930.36 平方米。

（4）项目资金需求。资产管理板块将以优质的资产、稳定的租金和运营现金流为支撑，充分运用银行流贷、经营性物业贷及 CMBS、REITS 等资产证券化工具，增强资产流动性。

3. 贸易板块

2017 年金水集团陆续组建国内外贸易公司，以内循环为主体、中外贸易联动为核心发展思路，内贸以煤炭贸易为主，废钢、农产品等大宗商品贸易为辅；外贸以黑色金属、原油等大宗商品贸易业务为经营方向。绑定与央企、国企的合作，形成稳定的上游供应商和下游终端用户。2022 年度贸易公司实现营收 34.03 亿元，其中国内贸易完成营收 16.88 亿元，净利润 1 561.46 万元，较同期增长 254.41%；新加坡公司实现营收 17.15 亿元，净利润 725 万元。

未来贸易公司将在风险防控的前提下，做大做强业务量，拓展新贸易品种，实现多品种可持续发展，项目资金需求：以腾达、腾青、金水（青岛）供应链、成吉能源、融源阳森（青岛）供应链 5 家贸易公司为信贷主体申请流贷及保证金 50%以内的承兑汇票等授信支持。

4. 文旅产业

融源文旅集团以文旅资源运营为核心，以 3 个子公司为抓手，其中康辉旅游集团开展境外游业务、组团与地接业务、票务业务、会展业务等；影视传媒公司运营全区户外广告、设计制作、新媒体运营等业务；景区运营公司运营全区停车泊位、公园景区商业运营等业务。

项目资金需求；银行流贷、项目贷及融资租赁、信托等非标业务资金支持。

5. 债券发行计划

（1）协会产品。

3—4月拟发行10亿元超短融；

9—11月拟发行10亿元中票。

（2）交易所产品。

3—4月拟发行10亿元私募公司债；

7月拟发行10亿元私募公司债；

10—11月拟发行10亿元私募公司债。

另根据公司需要，择机发行交易所之CMBS等资产证券化产品、国家发展改革委企业债等相关债券产品满足资金需求。

5.8 青岛市地方平台控股集团有限公司乡村振兴专项方案

5.8.1 乡村振兴专项债

5.8.1.1 青岛市李沧区传统村落空间保护和城市更新

在二十大乡村振兴战略下，党的二十大报告提出全面推进乡村振兴，优先发展农业和农村，城乡一体化发展，城乡要素流动畅通。扎实推进农村产业、人才、文化、生态、组织振兴。

李沧区召开了为期三年的城市更新和城市建设行动动员会议，部署了重点低效地区的发展和建设、旧城和旧村的改造等6项行动，创造了更适合工作和生活的良好环境。李沧区城市更新和城市建设三年攻坚行动共 208 个建设项目。在城中村改造方面，剩余 8 个城中村三年内全部启动改造，涉及长涧、戴家、十梅庵、东南渠、板桥坊、小翁区、曲哥庄、河北约 2 万户居民。

板桥坊村就像这些老村庄的影子，有着青岛古村落和北方古朴民居的典型特征——一条长巷四通八达，连接着一排排方形的老房子。飞檐青砖石墙四合院，以铁环为把手的黑漆木门，天井，照墙，正屋，东西厢房。板桥坊村古民居建筑美存量多。走在小巷里，房子倒塌，庭院变成了废墟。

传统村落作为促进农村振兴、城市更新和新城镇化发展最坚实的基石，在当今社会的生存和更新是中华民族文化持久活力的主要体现。随着我国社会经济结构的转变，传统村落更广泛意义上的衰落已成为一种普遍趋势。传统村落作为中华民族历史记忆和文化基因的重要载体，是中国农村不可或缺的一部分，在新城镇化、城乡一体化和农村振兴的协调发展趋势下，其保护与更新已成为新时代中国社会的重要问题，有必要通过优化乡村就业结构、完善乡村基础设施建设、健全乡村产业体系、引进乡村振兴项目有机结合，拓宽乡村产业发展空间，增强乡村经济发展活力。

在当前严格整顿地方隐性债务的环境下，乡村振兴是为数不多的政策支持和资本倾斜领域之一，值得有相关需求的市场融资主体抓住相关机会发行债券融资。对于承担乡村振兴等重要建设项目的城市投资公司，如果交易所债券政策收紧后债券发行受阻，也许“乡村振兴专项债券”是一条新的出路。

“乡村振兴专项债券”的识别标准相对宽松，不像“绿色债券”等品种需要专业的第三方机构认证。“乡村振兴专项债券”只需要主承销商在验证意见中说明募集资金是否符合“乡村振兴专项债券”的要求。乡村振兴领域任何相关项目的建设、运营、收购或偿还项目贷款的筹集资金都可以认定为“乡村振兴专项债券”，包括支持农村特色产业发展，促进农村贫困人口稳定就业，改善贫困地区基础设施条件，提高贫困地区公共服务水平，优化农村就业结构，完善农村产业体系，完善农村基础设施。

5.8.2 融资方案

融资方案如表 5-2 所示。

表 5-2 融资方案

发行要素	乡村振兴专项债券
发行人	青岛市地方平台控股集团有限公司
发行方式	非公开发行
发行规模	建议不超过 15 亿元，具体根据发行人资金需求而定
期限结构	不超过 5 年（含），具体年限根据公司需求及市场情况灵活设置
募集资金用途	传统村落保护与更新，优化乡村就业结构、健全乡村产业体系、完善乡村基础设施。70%用于偿还涉及乡村振兴项目贷款，30%用于补流和偿还有息负债等（例如污水处理厂、管道建设、农民安置等项目贷款）
信用评级	主体评级 AA+，债项评级 AA+
发行利率	6%左右

5.8.3 山东主体评级 AA+发债平台近期发行情况

山东主体评级 AA+发债平台近期发行情况如表 5-3 所示。

表 5-3　山东主体评级 AA+发债平台近期发行情况

债券简称	发行人简称	起息日期	发行总额/亿元	期限/年	票面利率/%
22 章控 01	济南章丘控股集团	2022-08-15	16.00	5	3.50
22 芝罘 01	烟台芝罘财金控股	2022-07-12	20.00	5	3.50
22 日城 02	日照市城投	2022-08-17	10.00	3	3.40
22 日城 01	日照市城投	2022-07-25	10.00	3	3.43
22 济中 02	济南市中控股集团	2022-08-23	15.00	5	3.26
22 龙债 01	烟台龙口城乡建设	2022-08-01	10.00	5	3.38
22 海洋 Y	青岛海洋投资集团	2022-07-07	10.00	3	4.00
22 潍滨 01	潍坊滨海投资集团	2022-07-20	10.00	5	6.00
22 青莱 01	青岛昌阳投资	2022-08-22	10.00	5	4.30
22 枣发 02	枣庄基础设施投资发展集团	2022-08-24	10.00	5	4.35
22 文蓝 01	威海文登蓝海投资	2022-07-27	8.00	5	6.50
22 文蓝 02	威海文登蓝海投资	2022-08-25	8.00	5	6.50
GC 临投 03	临沂投资发展集团	2022-07-26	7.00	5	4.57
22 济宁 01	济宁城投控股集团	2022-08-22	7.00	5	3.70
22 北建 02	青岛市北建设投资集团	2022-08-02	6.30	5	3.37
22 潍水 02	潍坊水务集团	2022-08-30	5.70	5	7.00
22 青莱 02	青岛昌阳投资	2022-09-07	5.00	5	4.38
22 龙债 02	烟台龙口城乡建设	2022-08-01	5.00	5	4.20
22 潍滨 02	潍坊滨海投资	2022-08-31	5.00	5	6.60
22 张店 01	淄博张店国资运营	2022-08-31	5.00	5	4.50
22 高创 01	山东高创建设集团	2022-08-12	3.57	5	6.60
22 济宁 03	济宁城投控股集团	2022-09-09	3.00	5	4.00

5.8.4 项目收益票据融资方案

项目收益票据融资方案如表 5-4 所示。

表 5-4 项目收益票据融资方案

发行要素	项目收益票据
发行人	青岛市地方平台控股集团有限公司子公司（不涉及隐债）
增信措施	青岛市地方平台控股集团作为担保方
发行方式	非公开发行
发行规模	建议不超过 10 亿元，具体根据发行人资金需求而定
期限结构	不超过 5 年（含），具体年限根据公司需求及市场情况灵活设置
募集资金用途	70%用于募投项目建设，30%用于偿还有息负债
信用评级	主体评级 AA+，债项评级 AA+
发行利率	6%左右

5.8.5 非标融资方案

本次非标融资采取银行承兑汇票质押方式融资，具体流程如下。

假设资金方给予 A 客户 10 亿元，A 客户需向资金方提供 10 亿元银行承兑汇票作为质押，其中 A 客户从银行出具 10 亿元银行承兑汇票需支付 50%保证金，则该保证金由资金方给予的 10 亿金额中支付，即 A 客户到手资金为 5 亿元。

客户需支付的实际利息=实际可支配的 5 亿元利息+银行保证金 5 亿元银行存款利息

假设融资年利率为 6%，银行存款年利息为 4%，则客户实际支付利息为：3 000 万元+2 000 万元=5 000 万元。

期限：1 年期，到期再续。

还本方式：客户直接还款或银行承兑汇票兑付。

5.9　针对平台公司融资的方案建议

5.9.1　企业债融资

5.9.1.1　一般企业债

针对拟建设的经营性项目进行融资，可最多解决不超过项目总投入的 70%，即假设项目总投资 20 亿元，可最多通过发债解决 14 亿元资金。资金使用期限不超过 7 年期，前两年付息，第三年至第七年每年偿还 20%本金。

5.9.1.2　基金债

区地方融资平台可设立相关项目领域地方融资平台引导基金，区财政出资一部分，其余由辖区各平台公司各自认缴一部分，组建母基金。如组建乡村振兴发展基金，专项用于旧村改造，提升农村居住环境，假设基金规模 100 亿元，区财政出资 20 亿元，其余各家平台公司认缴剩余 80 亿元。

各家平台公司可发行基金债，募集资金用于乡村振兴发展基金认缴资金的出资。

产业引导基金设立后，可通过设立多只子基金进行杠杆撬动，如设立某只子基金，母基金出资 20%，剩余 80%通过市场募集，通过杠杆撬动，100 亿元可撬动 400 亿元资金量。

5.9.2　公司债融资

5.9.2.1　普通公司债

根据目前所了解的辖区平台公司，可通过发行普通公司债进行债务置换，减轻企业资金压力，稳定企业资本市场信誉，让企业有更好的空间进行再融资，保证项目的推进。

5.9.2.2　乡村振兴公司债

目前该品种是证监会、交易所为响应国家大政方针，坚决支持乡村振兴发展政策的重要支持工具，也是契合李沧区乡村振兴政策发展和项目落地的融资工具。

可针对已建设的、涉及乡村振兴（三农）的项目进行资金支持。

5.9.3　非金融企业债务融资工具

遴选经营性项目，通过发行项目收益票据形式，对拟建设项目进行融资，确保项目建设资金的充足到位。

第6章 结论

CHAPTER 06

6.1 构建地方融资平台金融支持产业发展的逻辑思路

随着科技进步和全球经济一体化的推动，产业发展已成为各国经济增长的重要驱动力。然而，由于市场环境、资金不足、风险高等原因，许多企业在创新和扩张方面遇到了困难。地方融资平台金融支持作为地方融资平台干预经济的一种方式，具有促进创新、提供资金和降低风险等重要作用。因此，地方融资平台金融支持成为解决这一问题的关键手段之一。本节将从 4 个逻辑层面探讨如何构建地方融资平台金融支持体系。旨在为相关政策的制定提供有益的参考和启示。

6.1.1 地方融资平台金融支持产业发展的意义

地方融资平台金融支持不仅可以促进产业结构升级，还可以提高企业竞争力和创新能力。地方融资平台作为经济的重要参与者，通过引导金融资源的有效配置，可以解决产业发展中的资金瓶颈问题，推动科技创新和产业升级。

6.1.2 构建地方融资平台金融支持体系的基本原则

在构建地方融资平台金融支持体系时，应遵循一些基本原则。首先，市场导向原则，即通过市场机制来确定金融支持的对象和方式，避免地方融资平台过度干预。其次，风险分散原则，地方融资平台金融支持应通过多元化的方式来分散风险，确保公共资金的安全性。最后，可持续发展原则，即长期稳定地支持产业发展，而非追逐短期利益。

6.1.3 地方融资平台金融支持的具体方式

地方融资平台金融支持可以通过多种方式展开。首先，直接投入，地方融资平台可以设立专项基金或直接注资给予需要支持的企业，以解决它们面临的资金问题。其次，间接支持，地方融资平台可以通过金融创新工具，如担保、贷款优惠等，来引导金融机构增加对产业贷款的支持。最后，地方融资平台还可以提供税收和法律的优惠政策，鼓励企业加大研发投入和技术创新。

6.1.4 构建合理的监管机制

随着地方融资平台金融支持规模的扩大，需要建立合理的监管机制来确保资金的安全性和有效性。

首先，监管机制应该确保地方融资平台金融支持的公正性和透明度。地方融资平台在金融支持中应当遵循公平原则，不偏袒某些特定企业或行业，而是基于公开、透明的评估标准和程序来确定支持对象。同时，地方融资平台应当及时公布有关资金使用和支持结果的信息，接受社会各界的监督。

其次，监管机制应当加强风险防控。地方融资平台需要建立严格的风险评估和监测体系，及时发现和应对金融支持中存在的风险问题。同时，地方融资平台还应当建立有效的追溯机制，对滥用、浪费资金以及其他不当行为进行追责，确保公共资金的合理利用。

最后，监管机制应当鼓励创新和改进。地方融资平台需要积极借鉴国内外的成功经验和最佳实践，不断改进金融支持的方式和方法，以更好地促进产业发展和科技创新。同时，地方融资平台还应当与金融机构和企业共同研究探索金融支持的新模式，鼓励创新性的金融产品和服务，提升地方融资平台金融支持的效果和效益。

6.2 针对地方融资平台金融支持产业发展存在问题的对策措施

针对地方融资平台金融支持产业发展存在的问题，可以采取以下对策措施。

(1) 完善立法和监管机制。加强对地方融资平台金融支持行为的监管，建立相应的法律法规和制度，明确地方融资平台金融支持的原则、标准和程序，确保公平公正。

(2) 加强风险评估和预警机制。建立健全的风险评估机制，防范可能出现的金融风险。及早发现、评估和应对潜在风险，减少金融支持过程中的各类风险。

(3) 强化信息披露和透明度。加强对金融支持项目的信息披露，向社会公开相关资金使用、支持结果等信息，提高政策的透明度，接受公众监督，防止滥用、浪费和不当操作。

(4) 加强评估和监测机制。建立完善的评估和监测体系，对地方融资平台金融支持的效果进行定期评估，及时调整和改进政策措施，确保金融支持的针对性和有效性。

(5) 鼓励科技创新和产学研合作。加强支持企业的科技创新能力，鼓励企业与高校、科研机构等进行产学研合作，提升产业创新水平，增加金融支持的成果和效益。

(6) 加强对金融机构的监管和引导。对参与地方融资平台金融支持的金融机构加强监管和引导，确保金融机构在支持产业发展过程中遵守相关规定。加强对金融机构的风险管理能力培训，提高其对产业发展项目的风险识别和评估能力。同时，加强对金融机构的激励和约束机制，鼓励其更好地履行社会责任，提高金融服务的质量和效率。

(7) 加强协调与合作机制。地方融资平台部门、金融机构、企业和科研机构之间应加强沟通与协调，形成合力推动产业发展。加强跨部门、跨领域的合作，共同制定和实施支持产业发展的政策和措施，并使其具有整体性和协同性。

(8) 鼓励市场化和竞争。地方融资平台金融支持产业发展不仅应注重政策指导和引导，还需要给予市场主体充分的自主权。鼓励市场化竞争机制的发挥，推动优胜劣汰，提高产业的内在竞争力。

(9) 提高资本利用效率。加强对地方融资平台财政支持资金使用效果的跟踪和评价，确保资金有效地服务于产业发展，提高经济效益。促进资源配置的优化，提高财政支持的效率和回报。

总之，要加强监督引导，完善制度机制，提高风险管理能力，解决地方融资平台金融支持产业发展存在的问题。

6.3 地方融资平台金融支持产业发展的未来方向

未来，地方融资平台金融支持产业发展的方向将更加注重创新和可持续发展。随着科技的不断进步和产业转型升级的加速，地方融资平台应当加强对创新型企业的支持，推动产业的创新发展。同时，地方融资平台应当注重可持续发展，促进产业的绿色发展和低碳发展，推动经济的可持续发展。

首先，地方融资平台应当加强对创新型企业的支持。创新是推动产业转型升级和经济发展的重要推动力量。地方融资平台应当加强对创新型企业的支持，鼓励企业加大科技研发投入，提高创新能力和水平。地方融资平台应当制定更加灵活和适应性强的金融支持政策，鼓励金融机构加大对创新型企业的信贷支持和风险投资，提高创新型企业的融资便利性和融资成本。同时，地方融资平台应当加强对创新型企业的政策引导和监管，保障创新型企业的合法权益和创新成果的转化和应用。

其次，地方融资平台应当注重可持续发展，促进产业的绿色发展和低碳发展。环境保护和可持续发展已经成为全球共识和趋势。地方融资平台应当制定更加严格的环保法规和政策，鼓励企业加强环境保护和节能减排，推动产业的绿色发展和低碳发展。地方融资平台应当加强对环保和可持续发展领域的金融支持，鼓励金融机构加大对环保和可持续发展项目的信贷支持和风险投资，提高环保和可持续发展项目的融资便利性，降低融资成本。

最后，地方融资平台应该加强对小微企业的金融支持，促进小微企业的发展。小微企业是经济发展的重要力量，但是由于融资难、融资贵等问题，小微企业的发展受到了很大的制约。地方融资平台应当加强对小微企业的金融支持，鼓励金融机构加大对小微企业的信贷支持，推出专门的金融产品和服务，提高小微企业的融资便利性，降低融资成本。同时，地方融资平台应该加强对小微企业的政策支持和服务，鼓励小微企业加强创新和转型升级，提高企业的竞争力和发展水平。

总之，地方融资平台金融支持产业发展的未来方向是更加注重创新和可持续发展。地方融资平台应当加强对创新型企业的支持，注重产业的绿色发展和低碳发展，加强对小微企业的金融支持，为产业发展提供更加有力的支持。

第7章 CHAPTER 07 总结与展望

基于产业建设开发视域下的金融平台支持研究是当前经济发展和产业升级的重要课题。本书对该课题进行了深入探讨和研究，得出了以下总结和展望。

7.1 总结

首先，地方融资平台金融支持产业开发是当前经济发展的重要推动力量。地方融资平台应该加强对创新型企业的支持，推动产业的创新发展。同时，地方融资平台应当注重可持续发展，促进产业的绿色发展和低碳发展，推动经济的可持续发展。地方融资平台应当加强对小微企业的金融支持，促进小微企业的发展。

其次，地方融资平台金融支持产业开发需要更加灵活和适应性强的金融支持政策。地方融资平台应该制定更加灵活和适应性强的金融支持政策，鼓励金融机构加大对创新型企业和小微企业的信贷支持和风险投资，提高企业的融资便利性，降低融资成本。

最后，地方融资平台金融支持产业开发需要加强政策引导和监管。地方融资平台应当加强对创新型企业和环保领域的政策引导和监管，保障企业的合法权益及创新成果的转化和应用。同时，地方融资平台应该加强对金融机构的监督和风险管理，防范金融风险和金融乱象。

7.2 展望

未来，地方融资平台金融支持产业开发的重点将更加注重创新和可持续发展。地方融资平台应该加强对新兴产业和高端制造业的支持，推动产业的创新发展。同时，地方融资平台应该注重环保和可持续发展，促进产业的绿色发展和低碳发展，推动经济的可持续发展。地方融资平台应当加强对小微企业的金融支持，促进小微企业的发展。

未来，地方融资平台金融支持产业开发需要更加灵活和适应性强的金融支持政策。地方融资平台应该制定更加灵活和适应性强的金融支持政策，鼓励金融机构加大对创新型企业和小微企业的信贷支持和风险投资，提高企业的融资便利性，降低融资成本。

未来，地方融资平台金融支持产业开发需要加强政策引导和监管。地方融资平台应该加强对创新型企业和环保领域的政策引导和监管，保障企业的合法权益及创新成果的转化和应用。同时，地方融资平台应该加强对金融机构的监督和风险管理，防范金融风险和金融乱象。

综上所述，地方融资平台金融支持产业开发是当前经济发展和产业升级的重要课题。未来，地方融资平台应该加强对创新型企业和小微企业的支持，注重产业的绿色发展和可持续发展，制定更加灵活和适应性强的金融支持政策，加强政策引导和监管，为产业发展提供更加有力的支持。

附录A 著者个人相关论文

题目：关于全国绿色产业与金融平台创新金融产品的研究

刊期：《商场现代化》，国内标准刊号：CN11-3518/TS，国际标准刊号：ISSN1006-3102，邮发代号：2-398

时间：经审核于 2024 年 3 月发表

题目：多层次资本市场建设国有企业改革的支持作用

刊期：《赣商》，国内标准刊号：CN36-1329/F，国际标准刊号：ISSN 2095-6665

时间：经审核于 2023 年 6 期刊登

题目：传统街巷、聚落产业与规划研究及实践

刊期：《科学与财富》，国内标准刊号：CN51-1627/N，国际标准刊号：ISSN1671-2226，邮发代号：62-151

时间：经审核于 2023 年 26 期刊登

题目：基于全国性协同创新平台进行产业投资的研究

刊期：《中国地名》，国内标准刊号：CN21-1262/K，国际标准刊号：ISSN 1002-7793，邮发代号：8-296

时间：经审核于 2023 年 6 期发表

题目：基于公共管理视角的开发性金融投资政府基础设施的实践

刊期：《中国建筑业年鉴》，国内标准刊号：CN11-4680/Z，国际标准刊号：ISSN167-1858

时间：经审核于2023年33期发表

附录B 著者个人负责投资开发项目集

项目一：保定定兴“滨河新城”城乡一体新型城镇化试点项目

项目二：北京房山大石窝“市民农庄”特色小镇

项目三：北京十三陵长陵东水峪“市民农庄”新型城镇化项目

项目四：北京通州“大运河水镇”城乡一体新型城镇化试点项目

项目五：赤龙湖城乡一体化项目

项目六：佛子庄“第三空间”项目案例

项目七：固安彭村乡城乡一体化“市民农庄”试点项目策划

项目八：国开金融上海市民农庄项目

项目九：海南国家级新型城镇化·天涯国际都会项目

项目十：国开金融廊坊合作项目

项目十一：天津宁河城乡一体化暨“市民农庄”新型城镇化试点项目

项目十二：泰安城乡一体化暨“市民农庄”新型城镇化试点项目——中华“儒释道”文化旅游度假区

项目十三：重庆中国生态大观园项目

项目十四：市民农庄·重庆“山湖·博物院”

项目十五：天津蓟州邦均镇城乡一体化“市民农庄”试点项目策划

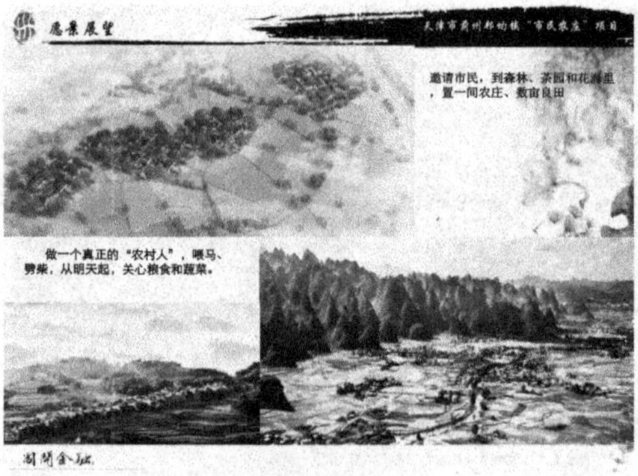

项目十六：广州流溪河帽峰山乡村振兴项目

项目十七：中华儒释道养生谷概念规划——天津蓟县城乡一体化暨“市民农庄”新型城镇化试点项目

项目十八：重庆薰衣草小镇新型城镇化试点项目

附录C 著者个人建筑设计作品集

参考文献

[1] 陶玮玮．论新农村经济建设中的公共管理：以上海为例 [J/OL]．现代营销（下旬刊），2019（09）：12-13.

[2] 李凌波，殷浩萱．"区块链+数字政务"的应用分析 [J]．中国市场，2019（25）：187+196.

[3] 钟骁勇，郭冬艳．义乌市集体建设用地基准地价评估研究 [J/OL]．中国国土资源经济，2019，32（12）：1-12.

[4] 周晶．我国土地资产估价核算研究 [J]．调研世界，2019（08）：36-41.

[5] 童馨，王皓白．互联网背景下我国公共管理转型的多维度思考 [J]．大庆社会科学，2019（04）：128-130.

[6] 顾芮嘉．市场经济条件下政府职能的转变 [J]．现代营销（信息版），2021（09）：143.

[7] 田博彦．网络新闻中公共管理存在的问题及对策 [J]．传播力研究，2019，3（23）：278.

[8] 刘郭熠．社会公德研究：资源分配的公共利益最大化 [J]．才智，2019（22）：240-241.

[9] 杨英．基于北斗导航的城市出行车辆公共管理系统设计 [J]．智能城市，2019，5（14）：1-4.

[10] 古谷知之．日本超智能社会的公共管理范式 [J]．上海质量，2019（07）：25-26.

[11] 王淑杰．地方绩效预算改革的实践困境与推进路径 [J]．宏观经济研究，2019（07）：62-70.

[12] 吕孝礼，朱宪．答沃尔多之问：公共危机管理研究的挑战与未来 [J]．公共管理与政策评论，2019，8（04）：54-64.

[13] 任晓林．公共管理中公共价值的基本维度与认知 [J]．广东行政学院学报，2019，31（04）：5-14.

[14] 杨婷．新公共管理理论对我国国企制度改革的可行性分析 [J]．企业改革与管理，2019（13）：33-34.

[15] 陈潇，杨涛，胡奕洋．公共治理趋势下新媒体的应用：以“微博打拐”事件为例 [J]．现代交际，2019（13）：65-66.

[16] 翁士洪．数字时代治理理论：西方政府治理的新回应及其启示 [J]．经济社会体制比较，2019（04）：138-147.

[17] 李慧颖．公共管理中行政管理效率提升的研究 [J]．国际公关，2019（07）：17.

[18] 周宇斌．城市社区公共管理的特点、问题及途径分析 [J]．居舍，2019（20）：180-181.

[19] 于礼．论公共管理模式的构建研究 [J]．佳木斯职业学院学报，2019（07）：77+80.

[20] 周斌．大数据时代公共管理的改革和创新 [J]．现代经济信息，2019（13）：90.

[21] 刘延莉．新公共管理视角下的公共图书馆绩效管理研究 [J]．内蒙古科技与经济，2019（12）：136-138.

[22] 张宁蓉．以价值为视角探析公共管理伦理的内涵与外延 [J]．农

村经济与科技，2019，30（12）：228-229.

[23] 谢慧．论公共管理现状及对策研究［J］．现代交际，2019（12）：238-239.

[24] 华艳．公共管理视阈下的徐州市家庭暴力防治问题研究［D］．北京：中国矿业大学，2019.

[25] 王婉莹．我国公共部门人力资源外包管理研究［J］．广西质量监督导报，2019（06）：48-49.

[26] 校锐．管理审计视角下我国高校公共管理创新路径探讨［J］．市场研究，2019（06）：68-69.

[27] 郭佳良．当代西方民粹主义思潮对治理理论的挑战及启示［J］．甘肃行政学院学报，2019（03）：109-117.

[28] 王蕊，袁博．农村公共管理型人才队伍建设研究［J］．乡村科技，2019（17）：17-18+20.

[29] 方靖雯．我国公共部门数据平安及风险治理的问题研究［J］．现代营销（下旬刊），2019（06）：24-25.

[30] 胡广慧．马克思公共管理思想及其新时代实践意义探析［J］．华中师范大学研究生学报，2019，26（02）：16-20.

[31] 王蕊，袁博．农村基层公共管理能力建设研究［J］．乡村科技，2019（16）：10-11.

[32] 张宇．N省检察机关人员分类管理实践研究［D］．呼和浩特：内蒙古大学，2019.

[33] 辛福卿．新时代内蒙古“医养结合”养老效劳现状与对策研究［D］．呼和浩特：内蒙古大学，2019.

[34] 李瑛．内蒙古地区大学生创业政策研究［D］．呼和浩特：内蒙古大学，2019.

[35] 粉振玮. 新形势下包头市工商业联合会引导民营经济开展研究[D]. 呼和浩特：内蒙古大学，2019.

[36] 李永刚. 大数据背景下包头市推进社会治理智能化研究[D]. 呼和浩特：内蒙古大学，2019.

[37] 于越. 乌兰察布市纳税服务绩效管理研究[D]. 呼和浩特：内蒙古大学，2019.

[38] 孟丽娟. 税收优惠政策的科技创新激励效应研究：以创业板上市公司为例[D]. 呼和浩特：内蒙古大学，2019.

[39] 孙亚娟. 乌海市国有企业退休人员社会化管理问题研究[D]. 呼和浩特：内蒙古大学，2019.

[40] 李露. 社区警务公共服务职能转变研究：以Z区为例[D]. 济南：山东大学，2019.

[41] 张成元. 新公共管理视角下拆迁问题研究：以德州运河经济开发区为例[D]. 济南：山东大学，2019.

[42] 王仕鹏. 诸城市智慧社区建设研究[D]. 济南：山东大学，2019.

[43] 王璇. 山东省检察机关公益诉讼试点问题研究[D]. 济南：山东大学，2019.

[44] 孟锴. "放管服"改革下地方政府绩效管理问题研究：以济宁市兖州区为例[D]. 济南：山东大学，2019.

[45] 周军军. 潍坊市政务服务中心"一窗受理"改革研究[D]. 济南：山东大学，2019.

[46] 侯贺森. 新时代条件下共青团职能转变问题研究：以J市为例[D]. 济南：山东大学，2019.

[47] 于妍. 基于市场经济为基础的公共管理职能研究[J]. 中外企业

家，2019（16）：37-38.

[48] 刘驰．自媒体时代公共管理的挑战与机遇［J］．中外企业家，2019（16）：222-223.

[49] 吴疆．能源型城市大气污染防治开展现状与优化对策研究：以鄂尔多斯市为例［D］．呼和浩特：内蒙古大学，2019.

[50] 王卿．呼和浩特市玉泉区社区基本公共卫生服务研究［D］．呼和浩特：内蒙古大学，2019.

[51] 郭佳．社会治理视角下的呼和浩特市政府舆情引导研究［D］．呼和浩特：内蒙古大学，2019.

[52] 闫怡芳．供应侧结构性改革背景下减税降费政策实施研究：以呼和浩特市为例［D］．呼和浩特：内蒙古大学，2019.

[53] 史景新．机关事务工作改革研究［D］．呼和浩特：内蒙古大学，2019.

[54] 盛兴．政府引导本科高校转型开展研究：以内蒙古自治区为例［D］．呼和浩特：内蒙古大学，2019.

[55] 王楝．内蒙古自治区本级政府采购问题研究［D］．呼和浩特：内蒙古大学，2019.

[56] 吕超．内蒙古煤矿安全监察问题研究［D］．呼和浩特：内蒙古大学，2019.

[57] 董菲菲．我国智能电网建设开展中的政府职能研究［D］．呼和浩特：内蒙古大学，2019.

[58] 张思源．呼和浩特市贫困人口医疗救助制度研究［D］．呼和浩特：内蒙古大学，2019.

[59] 赛汉．呼和浩特市公共文化服务供给研究［D］．呼和浩特：内蒙古大学，2019.

[60] 马洋. 县域经济发展中的省级政府职能问题研究：以内蒙古自治区为例 [D]. 呼和浩特：内蒙古大学，2019.

[61] 刘姝. 巴彦淖尔市狼山镇产业扶贫研究 [D]. 呼和浩特：内蒙古大学，2019.

[62] 石彪. 鄂尔多斯市城市文化治理研究 [D]. 呼和浩特：内蒙古大学，2019.

[63] 焦楷雯. 公共管理视角下城市公共交通的主要问题及对策 [J]. 中国管理信息化，2019，22（11）：199-200.

[64] 窦子贺. 对公共管理活动中公共利益的认识和思索 [J]. 中国管理信息化，2019，22（11）：201-202.

[65] 胡键. 公共管理伦理变迁：从传统社会到大数据时代 [J]. 中国行政管理，2019（06）：75-81.

[66] 杨立华，常多粉. 中国行政学三十年的范式变迁：从行政管理到公共治理 [J]. 中国行政管理，2019（06）：94-102.

[67] 薛乾. 乌兰察布市农村公共法律服务供给研究 [D]. 呼和浩特：内蒙古大学，2019.

[68] 李兆昕. E 市城市管理领域运动式治理问题研究 [D]. 呼和浩特：内蒙古大学，2019.

[69] 李永萍. 公共管理范式的演进逻辑研究：基于他者哲学视域的分析 [D]. 桂林：广西师范大学，2019.

[70] 陈嫱. 辅警队伍规范化建设的制度保障：以河南省新乡市为例 [D]. 桂林：广西师范大学，2019.

[71] 亓艳萍. 我国地方政府债务资金使用效率研究 [D]. 济南：山东大学，2019.

[72] 赵龙. 我国税务机关购买涉税专业服务研究 [D]. 呼和浩特：内

蒙古大学，2019.
[73] 王彬．深圳市智慧型经济服务平台建设研究［D］．桂林：广西师范大学，2019.
[74] 王晨．绩效导向下的中国城市社区治理研究［D］．济南：山东大学，2019.
[75] 刘晶．包头市昆都仑区社区治理问题及对策研究［D］．呼和浩特：内蒙古大学，2019.
[76] 赵光辉，朱谷生．我国交通社会治理政策转型问题研究［J］．曲靖师范学院学报，2019，38（03）：46-52.
[77] 刘灿．公共管理视域下城市精神培塑问题研究［D］．石家庄：河北师范大学，2019.
[78] 康旭博．协同视角的公共管理模式构建策略研究［J］．科技与创新，2019（10）：106-107.
[79] 王敏，谭刚．新公共管理理论视角下高校固定资产管理研究：以某农业高校为例［J］．湖北农业科学，2019，58（10）：179-183.
[80] 杨冬梅，顾美英．浅析公共管理中的政府采购问题［J］．纳税，2019，13（15）：281.
[81] 曾乾．公共价值视域下政府购买公共服务的问题研究［D］．济南：山东大学，2019.
[82] 吴伟伟．论公共管理中公民的参与［J］．管理观察，2019（14）：65-66.
[83] 刘旺喜．公共管理要求下的控违拆违思路分析［J］．管理观察，2019（14）：56-57.
[84] 张小雷．新常态背景下公共管理困境及突破［J］．传播力研究，2019，3（15）：254.

[85] 高倩．公共服务社会化改革中的“撇脂”现象及其治理研究[D]．武汉：武汉科技大学，2019.
[86] 向钦勇．我国公务员聘任制的实践困境与完善路径研究：以武汉市为例[D]．武汉：武汉科技大学，2019.
[87] 温慧．内蒙古政府性债务风险问题研究[D]．呼和浩特：内蒙古大学，2019.
[88] 张永秀．跨域环境治理中地方政府协同研究：基于协同学的视角[D]．济南：山东大学，2019.
[89] 陈诚．铜陵经济技术开发区产城融合研究[D]．南京：南京大学，2019.
[90] 何俊锋．新公共管理与土地行政管理的关系探究[J]．现代营销（下旬刊），2019（05）：6.
[91] 于礼．和谐社会下的公共管理体系构建[J]．现代企业，2019（05）：49-50.
[92] 叶溪生．大数据时代的公共管理创新[J]．哈尔滨师范大学社会科学学报，2019，10（03）：85-87.
[93] 于礼．公共管理视域下城市文化治理的问题及对策[J]．经营与管理，2019（05）：140-142.
[94] 刘长波．公共管理视角下农村精准扶贫问题与解决对策[J]．乡村科技，2019（13）：23-24.
[95] 张九超．公共管理视角下电子政务建设的思考与实践[J]．现代交际，2019（13）：247+246.
[96] 张婷．新常态背景下公共管理困境及突破[J]．才智，2019（13）：227.
[97] 邵烨．大数据对政府公共管理与决策的影响[J]．知识经济，

2019（15）：14-15.

[98] 夏家硕．城市社区网格化管理研究：以 L 市 G 区为例［D］．咸阳：西北农林科技大学，2019.

[99] 李妍．政府部门临时聘用人员使用管理研究：以 L 市为例［D］．咸阳：西北农林科技大学，2019.

[100] 林志．基层市场监督管理部门行政效能提升研究：以福建省 B 市为例［D］．咸阳：西北农林科技大学，2019.